JN105268

# よくわかる

# 大学生のための
# 研究スキル

ノートルダム清心女子大学　人間生活学科　編

大学教育出版

# は じ め に

　学生の皆さんは、何らかの学びたい思いを持って大学への入学を果たしたことと思う。ところが、学びの方法やプロセスが高校のときと違っていて、とまどったのではないだろうか。

　例えば、教科書として提示された本は、高校の教科書とは、本の厚さや内容の緻密さが違っている。末尾には「参考文献」とされる文献名が多数掲載されているが、それらの本は近隣の書店で販売しているようなものではなさそうである。ときには外国語の文献が記載されている。

　あるいは、「レポート」というものを書くように指示されて、何をどう書いていいのかわからなくて不安に陥ったのではないだろうか。授業時間も長くて、ただ緊張して聴いていればよいというわけにもいかない。「講義」だけではなく、「演習」と称する授業があり、それは必ずしも教員が教えてくれるわけではなく、学生みずからが準備して報告することが中心になっている。卒業が近づいてからのことではあるが、卒業論文というものを執筆しなければならない。そのほか、高校のときとは違うことがたくさんあって、これからの4年間、適切に学びを深めていけるのか、心配になった人もいるだろう。

　なぜそういう違いがあるのか。高校までは、基礎学力の獲得のために必要なことが教科書にバランスよく掲載されていて、それを修得していくことが主な学習の方法であった。教科書に記述されていることは正しいということが前提であった。

　そこで学ぶことには、私たちが人生を営んでいくうえで大切なことが網羅されている。「数学のこの公式を理解することに何の意味があるのか」「世界史のこの事象を知ることで役に立つのか」と疑問に思うこともあるが、いずれも長い人生を主体的に生きていくうえでは必要なことなのである。したがって、高校で学んだことは、大学で学ぶときにも大いに活用できる。

　ただ、大学は高校の延長ではない。大学での学びは、新たな創造を目指す、「研究」という取り組みである。「研究」とは、これまでに誰も知らなかった新

たな知見をみずからが発見していくプロセスである。

　おおげさな言い方をすれば、大学での学びを深めるということは、高校での勉強方法とは決別して、別の世界で生きていかなければならないことである。そして、4年間のなかで、何らかの自分だけの発見をすることが求められる。

　そう言うと、「自分にはそんなことを達成する力はない」と考えてしまうかもしれない。しかし、心配する必要はない。研究のためには、すでに確立されたスキルがある。これを身につけることにより、誰もが研究や大学での学びを着実に進めていくことができる。大学での学ぶ領域は、文学、経済学、社会学、法学、理学、工学など多様である。高齢者介護のような身近な生活課題の分析もあれば、宇宙の成り立ちを解明するようなスケールの大きい活動もある。しかし、学問領域を超えておおむね共通する、いわゆるアカデミック・スキルズが確立されている。したがって、これらの基礎的なスキルを身につければ領域に関係なく、大学での学びを進めることができる。

　高校で勉強が苦手だったという意識をもつ人は、大学での勉強に対してますます苦手意識が強くなってしまうのではないかと悲観的に考えているかもしれない。しかし、このスキルは実はそれほど難しいものではない。身につけさえすれば、きっと大きな成果をあげていくことができるに違いない。大学では、研究テーマを自分の関心に引き寄せて設定する。そこに確立されたスキルを活用していくのであるから、むしろ楽しい作業だといっても過言ではない。

　逆に、スキルを知らないまま我流で進めていくとどうなるか。きっとどこかでうまくいかなくなって、挫折する日が来る。現代社会では、情報収集が容易になっており、大学で学ばなくても知識を修得できるようにも見える。しかし、スキルなしに情報だけ収集しても、雑多な事実がわかるだけで、体系的な学びにはならず、真実を見いだすことにならない。スキルを適切に獲得できるかどうかが、4年間が充実したものになるかどうかを左右する。

　本書ではそのスキルを具体的に、わかりやすく説明している。各章のタイトルは、そのスキルの一つである。まずは個々のスキルについて、どういうものなのか、なぜそれが必要なのかを理解してほしい。そしてすぐに使ってみてほしい。そうすれば、研究とはどういうことかも、わかってくる。

　スキルは一見地味なものなので、スキル自体からすぐに何かが見つかるわけではない。そのため、修得する努力を重ねることに抵抗を感じるかもしれない。しかしその先には、学びが深まることによる楽しさが待っている。大学での学びは、知らなかった新たな世界が次々と見いだせるものであり、学べば学ぶほど、より楽しさも広がってくるのである。

　また、スキルを身につけるには個人的な努力も欠かせないが、同時に教員と学生とのやり取りや、学生同士の学びあいも重要である。自分が適切にスキルを身につけつつあるのか、自分ではわかりにくい。教員による助言や学生同士のやりとりがあって、把握できるものである。

　とりわけ、他の学生とのつながりや刺激が貴重なものになる。他の学生が、自分とは違う視点でものごとを捉えていることがある。自分が見過ごしていたことに着目して、自分にない発想で分析しているのである。逆に自分が独自の発想をもっていて、他の学生に驚きをもたらしているかもしれない。こうして学びあうなかでお互いが成長していくのである。

　研究というと、ノーベル賞を受賞するような、特殊で高度な能力をもった研究者が携わることというイメージがある。大部分の人は、専門の研究者を目指して大学に進学したのではない。一般企業や官公庁、あるいは病院や社会福祉団体のような社会サービス機関への就職を考えている人にとって、「私には関係ないこと」「私が研究の力を身につけたからといって、大学を卒業してから何か役に立つのか」と感じるであろう。

　しかしこれから、社会のなかで生きていくためにこそ、研究をしっかり進めることのできる力が求められるのである。どんな仕事であれ、何らかの問題があり、その問題を解決していくというプロセスをとる。例えば、販売業であれば、扱っている商品をできるだけ多く買ってもらう、という課題を達成していくことが仕事である。そのためには、商品に関連する情報を集め、多くの人の意見を集約して、分析していくという作業が欠かせない。それは研究の営みとほとんど同じといってよい。つまり、研究の力をもつことによって、社会のなかで直面する課題を解決することができるのである。

　そうした個人レベルの活動にかかわることだけではない。一人ひとりが研究

の力をもつことは、社会を良くしていくことにもなる。現代社会は、必ずしも未来への明るい見通しがあるとはいえない。日本国内では、少子高齢化、人口減少、財政難、地方の衰退がすすんでいる。国際社会に目を向けると、さまざまな対立があって、戦争につながったケースさえある。地球環境の問題のように、人類の存続が危惧される課題さえある。

　しかしながら、これらのことは対策が不可能というわけではない。何らかの対策を早めにすすめていくことで、解決・緩和することができる。ではどうすれば、解決・緩和していけるのか。そこでも、研究の視点でとらえることで、方向性が見いだせるであろう。実態をしっかり把握し、なぜそうした状況が生じたのかを考え、分析を重ねていくことで、解決への方策も見えてくる。

　研究をすすめるときに、つらいこと、面倒なことがあるのは否めない。難しそうな本や論文を読む、初めての人と会って話を聞く、統計資料を探してデータを整理するといったことは、努力を要するに違いない。レジャーを楽しむようなわけにはいかない。しかし、真理をみずから探究する喜びを知ったとき、多少の困難について乗り越えることができるであろう。そして、4年たったときに、大きく成長している自分に気がつくはずである。

2022年12月

著　者

よくわかる大学生のための研究スキル

# 目　次

# 第1章
# 大学での学びとは何か

## はじめに

　本章では大学での学びに関する基礎的事項の確認を行う。まず「アカデミック・スキルズ」とは、大学で学ぶための基礎的技法を意味している。本書の構成にあるように、ノートの取り方から始まって、情報収集、読解方法……などの技術を学んでおくことは大学生にとって重要である。なぜならば、これらの技法を駆使し「研究」を行うことが学生の主たる目的の一つであるからだ。本章ではそのために必要な考え方とルールについて解説を行う。

　まず、アカデミック・スキルズとは具体的に何を表し、それが研究活動に不可欠な「問いの発見」とどのように結びついているかを説明する。次に、研究に取り組む際には、テーマの設定とリサーチ・クエスチョンの明確化が重要だということを述べる。さらに、研究には「独自性」が必要であり、それがあるからこそ、その研究に価値が生ずるという点も強調したい。そして、本章の最後では、研究計画の策定と基本的なルールについて確認する。研究を有効に行うにはやはり計画が必要である。また研究活動を行うにあたって、その公共的な性質から守らなければならないルールもある。それらを踏まえたうえで、大学における研究という未知の世界に羽ばたいてもらいたい。

## 1　アカデミック・スキルズとは

### 1−1　問いの発見

　既述のように、アカデミック・スキルズとは大学で学ぶための基礎的技法の

ことである。では高校までの学びと大学での学びでは何が異なるのであろうか。大学は専門分野をより深く掘り下げて研究する場所といったイメージを持つであろうし、それは間違いではない。しかし、最も大きな違いは「自らが学ぶべき、あるいは研究すべき問いを発見し、それを追究する」ことにある。高校までは、あらかじめ問い、つまり解決すべき課題が与えられ、主としてそれを解くための方法や手段を学んできた。これに対して大学では高校までに培った力を基礎に、何が解決すべき問題なのかを自分で見つけようとする姿勢が求められる。

　問いを発見するということはまだ解決されていない、答えがない課題を見つけることを意味する。もちろん、世の中には未解決の課題が山ほどある。そうであるならば探さなくてもいくらでもあるではないかと思うかもしれない。しかし、それは世の中の誰も解決できていないから問いとして残っている難題であって、それに準備なしでチャレンジするのは無謀である（後述の「大きすぎる課題」）。現在の自分の能力を的確に評価して、身の丈に合った問いを発見するのは簡単ではない。先人の多くが自分の問いを見つけるのに苦労しているのが実際のところなのである。

　つまり問いを発見するということは、自分の力で解決できる可能性のある課題を見つけ、その背景にある真理を明らかにしようとする行為である。そのためには高校までの基礎知識はもちろん、理解力、思考力、洞察力、直観力、持久力などが必要になる。

## 1－2　問いを発見するために

　では、いかに問いを発見すればよいのか。問いとは「疑問」であるから、「なぜ、どうして」という理由に対する関心が身近であろう。なぜこんなにきれいな青色に光るのだろう、どうしてこんなに繁盛しているのだろうなど、生活の中でなぜと感じる機会は多いのではないだろうか。それは問いの発見につながる感覚である。他にも「どうしたら」人間関係を改善できるのだろうか、「何が」事故の原因なのだろうかといった、いわゆる5W1Hは貴重なきっかけを作ってくれる。

　しかしそのためにはまず興味、関心がないと気持ちは動かず「疑問」につながらない。学生に研究指導する際、どんなことに興味を持っているかを尋ね「問いの発見」のヒントにしようとする機会は多いが、「別に何も（興味がない）」と言われてしまうと後が続かない。知的好奇心を持つ姿勢は基本的態度として重要である。そのためにはものごとを批判的に見ることも役に立つ。それは何にでも文句を言い、難癖をつけるという意味ではない。常に「これで十分だろうか」「もっと違う方法（やり方）はないだろうか」と前向きに問いかける習慣が、直面する課題についてもっと知りたいという好奇心につながるのである。

　また、学問的な問いと個人的な問いの違いを理解することが重要である。自分にとっての重要な問題や個人的な問いが、場合によっては多くの人にとっても重要な問題となる場合がある。学問的問いの発見が、個人的な問いをきっかけに生まれるケースはよくある。例えば、今日の夕食をおいしく作るためにはどうしたらよいかという個人的問いは、多くの人にとって有用な基本となる味の組み合わせの開発につなげられれば学問的な問いになりうる。

　個人的な問いを学問的な問いへと変換させるためには、大学での講義を通じて学ぶことが有用である。大学では、多くの学問領域の体系的な理論や概念を学ぶことができ、多角的な学術的視点を獲得できる。例えば、フードロスという事象は、経済学的観点から捉えることもできるし、社会学的観点から解読することもできる。さらに、行政学や食品学的な問いにもなりうるだろう。そのような見方、研究の切り口をそれぞれの講義を通じて学ぶ中で、一つの事象の中にある多様な問いを引き出せるようになる。だからこそ大学で学ぶための基礎的技法としてのアカデミック・スキルズが重要なのである。

## 1−3　研究の基礎的技法としてのアカデミック・スキルズ

　大学での本来的な学びを充実させるためには、一つひとつの講義、科目を十分理解し、さまざまな課題に応用、適用する力をつける必要がある。そのために必要な考え方やスキルについて解説したのがこのハンドブックである。まずは最初にある目次をざっと眺めてほしい。ノートの取り方から情報・データの取り扱い方（リテラシー）、批判的読解の仕方やレポートの書き方、プレゼン

テーションにディスカッション、そして卒論にどう向き合えばよいのかといった内容で構成されている。例えば、大学のレポートは問題の明確化、収集した資料の提示と分析、それをもとにした考察などが必要となり、今まで書いてきた作文とは異なる。

これらはまさしく、大学で学ぶ際に不可欠な、基本となる技法に他ならない。これらを身に着けておくことで、それぞれの科目の内容を理解し、重要事項を的確に記録し、内容を批判的に考察したうえで自分の意見をまとめて文章化できるようになる。それをもとに自分の考えを他者に正確に伝えることで、意義あるディスカッションが可能になり、考えが広がっていく。このような講義科目への取り組みを通じて、自らの関心事を科学的な観点から評価し、判断できる力がつく。そのような地道な努力の積み重ねの結果、自らの研究能力を見定め、卒業論文などで取り組む水準（レベル）の「意味のある問いを発見」できるようになるのである。

以上述べてきたように、アカデミック・スキルズは大学における研究を充実させるための基礎的技法である。大学入学初期にしっかりと身に着けたうえで各科目を履修することで、理解力、思考力、洞察力、直観力、持久力等がよりよく培われる。逆にアカデミック・スキルズが不十分なままで講義を受けても、せっかくの内容を十分消化できないまま学生生活を過ごしていくことになりかねない。それを肝に銘じたうえで、スキルの習得に熱心に努力してもらいたい。

## 2　研究の開始

### 2－1　リサーチ・クエスチョンとは

研究を開始する際、まず直面する問題はどのようなテーマを取り上げるかの確定である。そのためにもまず「リサーチ・クエスチョン」を常に念頭に置く必要がある。リサーチ・クエスチョンとは文字通りリサーチ（研究）のクエスチョン（課題）であり、まさしく前節で述べた「問い」を研究に落とし込むことに他ならない。要は「この研究を通じて、何を明らかにしたいのか」ということであり、それを明確にすることが大変重要なのである。

「なぜ売り上げが伸びないのか」「なぜシングルマザーの生活環境が改善しないのか」といった問題意識があれば、その理由を明らかにすることが目的となる。「どうしたらこの商店街に若者を呼び込むことができるのか」であれば、まずはなぜ若者が来ないのかという理由を明らかにする。そして、その理由を解消するような施策に取り組んだ場合に集客が見込めるかどうかを考察するという研究の目的が明確になる。

リサーチ・クエスチョンを明確にすることで、何を明らかにするのかという目標がはっきりと意識でき、研究の進捗管理をスムーズに行ったり、迷いや混乱を防いだりできるようになる。研究といってもさまざまな種類があり、ごく短期間にまとめるコンパクトな研究であれば、目的を見失う心配はあまりないだろう。しかし、卒業論文のような1年以上かけて取り組むような研究の場合、内容が膨大となり、考察が細部に及ぶに従って、今自分が執筆している内容がこの論文においてどのような位置づけにあるのかを見失う場合がある。

リサーチ・クエスチョンをあらかじめ文章化しておけば、現在の取り組みがどうそれとつながっているのかを意識し続けられ、論旨の一貫性を保つことができる。加えて、自分の主張を伝えるという点でも有用である。論文の読者も、まずリサーチ・クエスチョンを認識できていれば、論文の論理展開が頭に入りやすく理解が促進される。このように研究に不可欠の要素がリサーチ・クエスチョンであることを理解し、まずはその明確化に取り組む姿勢が必要である。

## 2−2　研究テーマの設定

リサーチ・クエスチョンの重要性が理解できたら、次に研究テーマを設定する。研究テーマを決める際にはリサーチ・クエスチョンも同時に決定するのだが、それは初学者にとって最初に直面する大きな壁となるであろう。初めから完璧を求めすぎず、研究の過程で見直しをすることも考えに入れながら検討していけばよい。

適切な研究テーマの設定のために必要な基準にはいくつかあるが、主なものを挙げると以下のようになる。

### ① 研究対象が明確である

これは研究対象の絞り込みと言い換えてもよいかもしれない。例えば「金融リテラシー教育」に関心があったとして、若年者なのか高齢者なのか、日本全国なのかあるエリアに絞り込むのか、公的な教育なのか自己啓発・自己学習に焦点を当てるのか等、さまざまな研究対象の可能性がある。若年者に絞った教育の課題を分析しているはずが、いつの間にか高齢者特有の問題に話が移っていったとなれば研究の体をなしていないと判断される。まずは研究対象をはっきりと特定することが第一となる。

### ② 研究方法が明確である

研究対象と問いが決まっても、それを明らかにしていく方法（研究の仕方）は一つではない。例えば「なぜ結婚に躊躇する若者が増えたのか」という問いに対しても、社会学、経済学、心理学というような学問分野（ディシプリン）が異なれば課題の切り口も変わってくる。

さらに経済学的な研究方法といっても、アンケート調査を用いた実証分析を行うこともあれば、超合理的な判断を行う人間の仮定を置いた理論モデルによるアプローチから問題に切り込むという方法もある。いずれにせよ、どのような手段でこの問いに接近していくのかという研究方法をはっきりとしておくことが重要である。研究方法が曖昧なままで問いに取り組むのは、丸腰で野獣に立ち向かうようなものだ。

### ③ 自分に扱うことができる

前2項と異なり、この基準は研究者本人の能力的な制約、時間的な制約、負荷的な制約などとの関係により判断すべきものである。自身の能力から判断して、あまりに「大きすぎるテーマ」は望ましくない。例えば初学者が「人間とは何か」という壮大なテーマ設定をしても太刀打ちできない。逆に「小さすぎるテーマ」も避けるべきである。高度に専門分化されたテーマは奥が深く、資料も簡単に入手できない場合が多い。

このように、本基準の見極めは難しいが、さまざまな制約の中で研究を進めていくための研究計画を適切に構築する中で判断していけばよい。言い換えれば、手に負えない、高い完成度を期待できないテーマ設定は研究計画の不備と

いう形で現れる。

④　有意義、有益である

　たとえテーマが個人的には興味深く面白いものであっても、論じるに値する意義や意味がなければ研究としては評価されない。新たな問題を発見したり、通説の再検討、新説の提示をしたりするなど、当該研究分野に対するなんらかの学術的貢献が必須である。それをオリジナリティ、独創性ともいうが、ほんの小さな一歩であっても、研究テーマに意義と有益性がなければならない。そしてそれを言葉にして他者に理解してもらう必要がある。

## 2−3　研究の基本的な手順

　研究とは、リサーチ・クエスチョンを解明していく活動であるから、それに資する手順を踏む必要がある。最終的には論文の形でまとめ、発表することが一般的であるため、ここでは論文の基本構成に沿って説明する。無論、研究手順といっても学問分野によって異なる。実際の研究における手順や論文形式は各自の指導教員とよく相談し、適宜指示を受けなければならない。本項では一般的な形式の手順、論文構成を紹介する。

①　リサーチ・クエスチョンと研究方法の明確化

　既述のように、リサーチ・クエスチョンを明示するのは基本中の基本である。何を明らかにしたいかをはっきりさせるためには、研究の対象や内容も決定しなければならない。逆に言えば、それまでにテーマに関連するさまざまな文献や関連情報を収集、理解し、問題の所在や論点の可能性などを吟味しておくことが必要となる。つまり、リサーチ・クエスチョンの明確化は研究の入り口であるとともに、それまでに膨大な努力を必要とする営みでもある。

　加えて「明らかにするため」の方法論、すなわち研究方法も決定しておく。ただし、初学者の場合、研究を進める中で方法論が変わることはあり得る。

②　十分なファクト・ファインディング

　研究テーマが決まると、それに関する有用な情報を収集したうえで研究の目的に合った整理を行う（ファクト・ファインディング）。今までの経緯や課題に対する一般的な評価、既存の調査データなどにより、取り扱う課題がどのよ

うに理解されているのかを確認する。この時、自身の意見や好き嫌いが影響して偏った情報のみをピックアップしないよう注意しなければならない。完全に中立な立場をとり続けるのは簡単ではないが、研究者としてできる限り中立性を保つことを意識しながら進めていく。

③　既存研究のレビュー

　テーマが有意義であるほど、先人が何らかの研究、検討を行っている場合が多い。できる限り関係のある先行研究を確認、理解し、その学問分野での当該テーマに対する一般的な認識を知っておくことが重要である。そして自らの研究に関係する事項については論文で言及しておく（レビュー）。独創的な論点が発見できたと思っても、すでにそれは誰かが既に主張済みということはしばしばある。先行研究もレビューしないまま独自性を主張しても、それは独りよがりの研究としかみなされない。

　先人のたどり着いたフロンティアを知ったうえで、それを少しでも広げる研究を行う。そうすることで研究の独自性が認められる。もちろん、初学者がいきなり、完璧な先行研究のレビューを行えるわけではない。しかし、そのような意識は常に持っておかなければならない。

④　独自の理論の提示と仮説設定

　研究には独自性が必要である。すでにその学問分野の常識となっていること、先人がすでに研究済みのことを主張してもそれは研究とは言えない。ほんの少しでも、誰も扱ったことのない独自性のある取り組みをするのが研究である。上記①〜③に独自性を付加するのは簡単なことではない。そこで既存の研究を参考に（ベースとして活用して）独自の理論モデルを提示したり、新しい切り口を提案したりするというのはオーソドックスな独自性の付加方法である。

　ただし、それらは難易度が高い。調査範囲を少し変える、調査データを独自に得るなどの手段を用いて独自性を確保するという方法もよく採用される。よって独自の理論の提示は必須事項ではないが、研究を進めるにあたり、何らかの理論をベースにすることは必要である。そうでなければ行き当たりばったりのアドホックな（その場限りでしか通用しない）研究になってしまう。

　自分が依って立つ理論をもとに、明らかにしたい課題の解決（策）、すなわ

ち「仮説」を提示する段階がここになる。まだ正しいと検証できていないため「仮説」であるが、これが研究における主張（候補）となる重要なアイデアである。

### ⑤　仮説の検証

いよいよ研究の最重要部分に入ってくる。仮説はまだ証明されていないため、検証が必要になる。ここで①で提示した研究方法が力を発揮する。数学のように演繹的に検討するのか、実験により実証していくのか、既存データを用いるのか、アンケートやインタビュー、観察などにより独自にデータを得て統計学的分析を行うのかなど、多様な方法が存在する。

妥当性や実行可能性を総合的に検討したうえで判断し、その検証方法が持つルールに従って自らが設定した仮説の検証を行う。

### ⑥　分析・検討

前項で得られた結果をもとに、分析や検討を行う。そしてこの研究によって明らかにできたこと、明らかにできなかったこと、残された今後の課題などの結論を導く。研究において、例えば設定した仮説がすべて妥当でないという結果になったとしても価値が損なわれるわけではない。仮説として十分説得的であったのなら、それが否定されたという事実がその学問分野で共有されることには意味がある。すなわち、ではそれ以外の何が重要なのか、原因なのかという次の検討に進むのに貢献しているのである。

この結論により、リサーチ・クエスチョンに対して何らかの答えを提供したことになり、研究はいったん終了となる。

## 3　研究計画と必要な態度

### 3−1　研究の計画を立てる

すでに理解できているであろうが、本章で述べてきたような研究を行うためには事前準備が必要である。あまりに慎重になりすぎて、いつまでたっても第一歩が踏み出せないというのは望ましくないが、全く計画なしにとりあえず取り組んでも研究の成功は期待できない。研究計画も学問分野によって、作成方

法が異なる場合もあるため、指導教員とのコミュニケーションを通じて妥当な計画を作りあげなければならない。本項では一般的な計画作成について述べる。

## ①　研究スケジュール表の作成

　研究のスケジュールを一覧できるようにまとめたものが「研究スケジュール表」である。一般的な研究スケジュール表は以下の項目を含んでいる。

　1）研究の課題と見通し

・この研究は何を明らかにしようとしているのか（リサーチ・クエスチョン）。

・そのためにどのような研究方法を用いるのか。

・研究の結果、どのような結論に至ると計画段階で予想しているか。

・研究にどれくらいの期間と負荷が必要か

　2）資料の収集

・研究を進めるために、どのような資料を収集すればよいか。

・資料はどうすれば集められるか。

・実験や調査が必要であれば、どのような方法でそれを行うか。

・資料の収集、実験や調査にはどの程度の期間や経費が必要か。また収集や実施のスケジュールはどのように予定しているか。

　　※いうまでもなく、資料には書籍、論文も含まれる。

　3）資料の分析と立論

・収集した資料や実験・調査結果を具体的にどのように分析していくか。

・分析にはどのくらいの期間が必要か。またその実施スケジュールはどのように予定しているか。

・分析結果にもとづいて、どのように主張をまとめていくか。

・まとめにはどのくらいの期間が必要か。またまとめるためのスケジュールはどのように予定しているか。

　4）発表・報告

・研究をどのような方法で発表するのか（論文やレポートの作成、口頭発表、ポスター展示など）

・発表の準備にはどのくらいの期間が必要か。

② **研究経過報告書の作成**

　研究の進展とともに、一定の期間を区切って、研究の進捗状況をまとめた「研究経過報告書」を作成し、指導教員にアドバイスを受けることも有益である。研究経過報告書には、研究の進捗状況の要約、研究計画（内容）の修正点・変更点、今後の研究活動予定などを記載する。

③ **論文の作成**

　これも学問分野によるが、一般的には研究の成果がある程度蓄積できた場合には、論文の形で発表することが求められる。その詳細については第7章、第10章などで述べる。

## 3－2　研究過程における計画の見直し

　研究計画は研究を効率よく、効果的に行うためのものである。したがって、研究の進捗とともに絶えず計画を再検討する柔軟性も必要である。研究を進めていくうちに、当初、気づかなかった重要な論点を発見してそこから研究が発展していくことも多い。逆に予想に反して、解決困難であると予想していた問題がすでに解決済みであると発見する場合もある。

　このような場合、計画のスケジュールに固執する必要はない。その都度重要な問題に、より多くの時間と労力を割き、そうでないものは研究資源を節約するという見直しが必要である。これには定期的な確認と、重要な変更事由が発生した場合の都度見直しがある。前者は重要な変化がなければ簡単に済ませばよい。後者に関しては場合によっては、必要な段階まで遡って修正する必要があるかもしれない。研究の価値と見直しのコストを勘案して柔軟、臨機応変に対応する力も一つの重要な研究能力に他ならない。

## 3－3　研究が持つ公共性

　以上、本章は大学での学び（研究テーマ、問い、アカデミック・スキルズとは）と題して、高校との学びの違いについて述べてきた。最後に研究が持つ公共性について確認しておく。すでに述べたように、研究での学問的問いは個人の問いではなく、より多くの人にとって重要な課題を研究対象とする。リサー

チ・クエスチョンで提示する「明らかにしたいこと」は社会の関心事であり、それが意義を持っている以上、結論としてまとめられ情報発信した論文やレポートは社会性や公共性を持つことになる。

　何度も強調してきたように、それぞれの研究は独自性を有しており、その内容は執筆者の著作権という形で権利が守られている。すなわち、他者の論文の内容をあたかも自分の主張のように取り扱えば、著作権の侵害になる。悪意があるなしにかかわらず、他者の論文内容を明示（紹介、説明）せずに自分の論文やレポートに掲載した場合には剽窃行為、すなわち泥棒とみなされ厳しく非難されることになる。場合によっては剽窃行為を行った者の研究者生命が断たれることもある。それを肝に銘じて研究に取り組まなければならない。他者の文章をネット検索し、いわゆるコピペ（コピー＆ペースト）を組み合わせて、一つの文章を書きあげることは難しくない。しかし、それは論文執筆者としてすべきでない行為だと理解してもらえるはずだ。繰り返すが、コピペは絶対に行ってはならない。コピペを一部分でも用いて作成した論文やレポートは制作物として認められない。

　ただし、著者を明記したうえで行う「引用」という行為は認められており、その作法（ルール）に従って活用すれば論文の質を上げることができる。剽窃と引用の違いをしっかりと理解してもらいたい。

　また、自分の独自性のある研究内容には著作権が与えられるが、それは内容に責任を持つことと表裏一体の関係にある。虚偽や捏造などは論外であるが、例え悪意がなくとも研究における倫理的な配慮や研究過程で当然行うべき注意が不十分であった場合には、その結果としての論文や報告に対して厳しい非難を受けることを覚悟しなければならない。


## おわりに

　以上、大学で研究を行うための基礎を学ぶ第一歩として、アカデミック・スキルズについて解説を行った。初学者に対し研究とはいかなるものか、何らかの方向性を示すことを目的に述べてきた。少しでもイメージがつかめたのであ

れば、本章の目的を果たすことができたと考えている。

　大学では自分の中にある知識欲を開放してもらいたい。関心のあるテーマに
挑み、その謎を解明するという取り組みは本来とても楽しいものである。まだ、
それを実感する段階にはないかもしれないが、いつか、大学での学びを重ねて
いく中で、一人でも多くの学生がそれに気がつく瞬間が来ることを願っている。

**参考文献**

佐藤望他著『アカデミック・スキルズ（第 3 版）―大学生のための知的技法入門』慶應義塾
　大学出版会、2020

# 第2章
# ノートの取り方

## はじめに

　本章では大学でのノートの取り方について記述する。大学ではさまざまな講義を聴いてノートを取る機会が多くある。それをただ記録する作業として行うのではなく、学びを深め、自ら問いを見つけることに役立ててほしいというのが、ここで伝えたいことである。

　そこで、まずノートを取る意味について触れる。そして、講義中のノートの取り方について解説していく。そして最後に、ノートを取ることから次の学びへ発展的につなげていくための方法について述べていく。

　なお、ノートの取り方と言っても、ここでは技術的なことについてあまり細かく書かない。ノートやペンの選び方や色分けの方法、ページの割り方や付箋の活用などノートを取る上でのさまざまな技術的な面で参考になる本は多数刊行されているので、そのような本などを参考にして試行錯誤しながら自らのスタイルを見つけていってもらいたい。

## 1　ノートを取る意味

### 1−1　大学の講義の特徴

　高校までに比べて、大学では学生の主体的な意思に多くがゆだねられ、それが尊重される。大学に入学したばかりの一年生が最初に考えなくてはならないのが、どの講義を選択して履修登録するのかということである。学生は自らの関心や将来の進路などをさまざまに考えながら、それぞれに異なる履修スケ

ジュールを組み、大学生活をスタートさせる。ここに表れているように、大学では学生自らが考え選択する姿勢が必要不可欠である。

　そして、大学の講義を受けるに当たっても高校までとは異なる心構えと姿勢が必要とされる。大学の講義では教員が既存の知識を伝達するだけでない。教員の専門とする学問や研究の内容を学生に対して教授し、問いかける。それらは標準化された既存の知識に依拠するものばかりではないので、教科書や参考書を使用する講義もあれば、そのようなものを使用しない講義もある。

　高校までの授業では教科書や参考書に書かれた内容をいかに理解し記憶するかに力を注いできたかもしれない。しかし、大学の講義で必要とされるのは、自由な立場でものを調べ、考え、述べる姿勢である。必ずしも教員によって決められているのではない問いの答えを導き出すために、自分自身で明確な根拠を示し、論理的に説明できるように努力をする必要がある。講義を受ける学生には、自ら考え模索しながら学びを深めていくことが期待される。

## 1－2　講義を受けてノートを取る

　講義の内容や進め方は、担当教員の専門分野やカリキュラムの中での位置づけ、教員自身の考え方や講義スタイルによってさまざまである。そのような中で一回一回の講義という学びの機会を十分に活かすために、ぜひ気構えを持って講義に臨み、ノートを取るようにしてほしい。決して漫然と講義を聴き流してはいけないし、ノートはただ書き写すだけではいけない。

　講義を受けてノートを取ることは、自ら問いを立て、表現する力を身に着けるための訓練である。ノートを取る際には、講義の流れをストーリーとして聴き、必要に応じて組み立て直しながら記述することを意識する必要がある。キーワードを把握し、大切だと思われることを書いていく。講義全体のアウトラインの把握に努め、視覚化を工夫することが求められる。ノートを取ることは、情報を取捨選択して再構成することである。また、あとでさらに整理をしたり気づいたことを書き足したりすることができるよう、余白を確保することも大事である。

　ノートを取ることは、次なる学びへのアクションに向けた出発点である。そ

のようなノートの取り方は、調べる力、読む力、考える力、表現する力、コミュニケーション力といったアカデミック・スキルズの習熟につながるものでもある。

### 1－3　問いを見つける

　ノートを取る際には、疑問に感じたことや興味を持ったことを適宜、書き込んでいく。その過程で、講義する教員の思考を理解し、自らの問いを見つけていくのである。学問的な問いを立てる力を養っていくために、ノートを取ることを通して学び、そしてさらなる学びに自らのノートを役立ていってほしい。

　自分が作成した講義ノートは、自身の学びの軌跡が記された貴重なものになる。はじめは上手に書けないかもしれない。しかし、それは恥ずかしいものでも無駄なものでもないということを伝えておきたい。履修する講義ごとに一冊のノートを用意し、講義名や担当教員の名前、履修年度などの基本情報をきちんと表紙に記載しておくことをお勧めする。そして、毎回の講義ではテーマと日にちを記した上で講義の始まりを迎えて、ノートのページを書き進めていってもらいたい。半期の講義が終わる頃には1冊の自分だけのノートができて、それが手元に残る。半期ごとにノートをまとめておいて振り返ることができるようにしておくと、きっとあなたの学びと成長の跡を見ることができるだろう。

## 2　講義中のノートの取り方

### 2－1　大学におけるさまざまな講義

　先に書いたとおり、大学の講義にはさまざまなものがある。同じ科目名の講義であっても、教員によってまったく異なる内容で講義されていることもある。自分にとって聴きやすいと感じられるものもあれば、そうでないものもあるかもしれない。しかし、聴く力を磨く機会と捉えて前向きに臨むようにしてもらいたい。

　講義が教科書に沿って進められるのであれば、予習・復習をしておけば理解がしやすい。また、参考図書や関連するニュースに目を通すことで問題意識を

持って講義に臨んだり、そのようなテキストに出てくる専門用語などを事前に
調べておいたりするとよい。しかし、教科書や参考書が使用されない場合は、
特に注意して講義のストーリーを再構築するつもりでノートを取っていく必要が
ある。

　黒板やホワイトボードに板書するタイプの場合、本の目次のように小見出し
を記した上でキーワードが記載されることが多いと思う。それをノートに書き
写せば大きな構成を記すことができるものと思われるが、それで満足してはい
けない。言葉のみで語られることの中に、重要なポイントや補足情報が含まれ
るはずである。注意して聴いて要点を理解し、ノートに書き加えていく必要が
ある。

　パワーポイントが使用される場合も、語られることの中に重要な内容が含ま
れることが多いことは同様である。パワーポイントのスライド資料を配布する
か否かは担当教員の考え方次第であるが、データであれ印刷したものであれ、
それがある場合は書き写す手間が省けたり復習に利用できたりする。環境への
配慮からペーパーレスとする場合があるし、著作権等の関係ですべてのスライ
ド資料を配布できないこともあるが、必要だと思えば担当教員に一度尋ねてみ
るとよい。

　なお、板書やパワーポイントをスマホで撮影することは要注意である。撮影
が講義の妨げになることもあるし、ノートを取るという自らの頭を働かせる機
会を活かせない。著作権や肖像権を侵害する恐れもある。講義中の写真撮影に
ついては、担当教員に事前に相談して了承を得た場合のみ行うようにしてもら
いたい。そして了承を得た場合にも、講義中に撮影した写真を軽々しくSNS
に投稿するものなどはもってのほかであることも念のため書き添えておきた
い。

## 2−2　アウトラインを視覚化する

　それでは、具体的にどのようにノートを取っていけばよいのか。基本的なポ
イントを以下に示すので、参考にして頂きたい。ここで大切なのが、アウトラ
インを視覚化するということである。見た目にきれいなノートを作成するのが

目的ではない。ノートを取りながら思考を働かせることが、より重要である。このようにしてノートを取るという日々の訓練が、レポートや論文を作成する際に活きる力を身に着けていくことにもなるので大切にしてもらいたい。

### 1）書き写すだけではいけない

高校までの授業では、黒板やホワイトボードに板書された内容をノートに書き写すことが中心であったかも知れない。しかし先に述べたように、大学ではそれだけではいけない。

キーワードを把握し、大切だと思うことを書いていく。講義全体のアウトライン把握に努め、視覚化を工夫すべきである。そのために見出しを付けたりしながら、構造的に理解できるように整理していく。

なお、講義では必ずしも順を追って説明がなされることばかりではないため、頭から順番に書いていくことで上手に整理できるとも限らない。適宜順番を入れ替えながら、自分なりに整理しようとすることが必要である。

### 2）丁寧に書きすぎない

講義のペースは教員によってそれぞれだが、丁寧にゆっくり書いていると話題に付いていけなくなることがある。時間との勝負だと思って、短めの記載を心掛ける必要がある。見た目にきれいなノートを作成することが目標ではない。講義を聴きながら頭で考え、手を動かすことが必要である。自分に合ったやり方を見つけるのには時間がかかるかもしれないが、ゆっくり書いている暇はないことを意識しておく必要がある。とはいえ、あとで自分が見たときに理解できる程度の書き方をするようにはしてもらいたい。

### 3）講義の構成を意識する

教員は、講義全体の中で一回一回の講義の構成を考え、準備している。そして、それは各回の内容についても同様である。講義全体の目的や各回の講義の位置づけを頭に置きながら、構成を意識しながら講義を聴いてノートに向かうようにするとよい。そうすると話される内容を理解しやすくなるし、話を構成

する力を磨くことにもなるだろう。

### 4）図で整理する

キーワードを矢印でつないだり関係するもの同士を線でつないだり丸で囲んだりすることは、内容を構造的に理解して記述することの訓練になる。また、文字で記載するだけでなくイメージ図をラフなものでよいので書いてみることも有意義である。講義で語られる内容を図で整理することで、話の流れやまとまりを明確に理解しやすくなる。

## 2－3　気づきを書き込む

講義を聴いていると、いろいろと気づいたり思ったりすることがあるはずである。そのようなことは、アンダーラインを引いたり丸で囲んだり、ノートの余白に書き残しておいたりするのがよい。興味を持ったことや疑問に思ったこと、関連づけて思いついたことや意味がわからない用語など、さまざまあると思う。それこそが学びを深めていくための貴重な材料になる。何も残しておかないと忘れてしまうことも多くもったいないので、振り返るための足掛かりとして積極的に書き残しておくことである。

色分けをするのも有効である。例えば、講義の内容を記載する色と自分の疑問や気づきを記載する色を分けるというやり方が考えられる。ノートをただ色とりどりにするというのではなく、記載する内容ごとに色分けをするという思考を働かせるのである。ぜひ自分なりに工夫をしながら、見た目にわかりやすい情報整理の技術を磨いてもらいたい。

加えて、講義終了後にはもう一度ノートに向き合う時間を持ってもらいたい。眺めているだけでも聴いた内容を復習できるし、新たな疑問が浮かんでくるかもしれない。マーカーで色を付けたり気づいたことを書き込んだりしながら、思考を働かせてほしい。あまり時間が経ちすぎると内容を忘れてしまうので、最初の振り返りを当日か遅くとも数日のうちには行うようにしてもらいたい。

1）余白を確保する

ノートの使い方として、十分に余白を確保しながら書いていくことをお勧めする。そうすれば、講義を聴きながら関連すると思ったところに書き加えることもできるし、あとから気づいたことを書き込むこともできる。

例えば、重要なキーワードの意味が十分に理解できなかった場合、あとから調べて書き加えるとよい。その時には言葉の意味だけを書くのではなく、参考文献やWebページ等の情報源についても書いておくとなおよい。また、連想して思いついた気づきや疑問などが出てくれば、それも書いておくとよい。そのように、余白の使い道はいろいろと出てくるものである。


## 3　ノートの取り方を上達させるために

### 3－1　事前準備と心構え

よいノートを取るためには、事前の準備と心構えが大事である。事前の準備とは、講義の位置づけを前もって確認しておくことである。シラバスに記載された講義全体の目的や各回の講義スケジュールを確認しておくこと、また前回講義の復習をしておくことで、話の筋を理解しやすくなる。そして心構えとは、聴こうとする積極的な姿勢と集中力である。


1）シラバスを読んでおく

各講義科目には、それぞれにシラバスがある。シラバスとは講義の計画や概要が記載されたものであり、講義の目的や到達目標、スケジュールを含む内容などさまざまな情報を事前に知ることができる。履修登録をする前に読んでおきたいものであるが、講義を受け始めてからも折に触れて確認するとよい。すでに受けた講義を振り返ったり、これから予定される講義の内容を確認して学びに見通しを立てたりすることができるし、客観的に自らの現在の立ち位置を確認することができる。

なお、シラバスには担当教員への連絡方法やオフィス・アワーについても記載されている。学びを深めていくには担当教員の研究室を訪ねて直接質問を投

げかけたりディスカッションしたりすることも非常に有意義である。

　2）よい聴き手になるために
　よいノートを取るということは、よい聴き手になるということである。つまり、よく理解し、適切に表現するということである。そのようなよい聴き手になるための訓練の機会と思って一回一回の講義に臨んでもらいたい。よい聴き手になることは、コミュニケーションを取る力を身に着けていくためにも重要なことである。相手の話すことをしっかりと受け止めることができてこそ、よいコミュニケーションができるというものである。

　3）他人のノートに頼らない
　試験の前には、友人のノートを見せてもらおうと思う人がいるかもしれない。情報交換や意見交換の機会としては問題ないが、決してノートを丸写しして試験を乗り越えようと思ってはいけない。自らの力を伸ばす過程を奪うだけでなく、学ぶ者としての態度も養われない。ノートの取り方に唯一の正解は無いので、自分なりに工夫をして、自分なりのスタイルを見つけることが大事である。

## 3－2　ノートから次の学びへ
　ノートを取ることは、学ぶ材料を自ら手元につくることであり、次の学びへステップアップするためのきっかけをつくることでもある。講義を聴きながら気づいたことや疑問に思ったことを書き留めておけば、質問をするための頭の整理ができ、自らの考えやアイデアを深めていくための足掛かりにもなる。また、疑問に思ったことを図書館やインターネットなどで調べていけば、学びは広がりと深さを増すものである。ノートを取ることから、さらなる学びに向けたアクションに展開する力を養っていってもらいたい。
　以上のようなノートの取り方に関する理解を踏まえて、調べる力、読む力、考える力、表現する力、そしてコミュニケーション力を磨き、それらの力の定着が図られることを期待する。

### 1）図書館レファレンスの活用

　ノートを取りながら疑問に思ったり興味を持ったりしたことがあれば、ぜひ図書館に行って調べてみてもらいたい。図書館の本を探すには蔵書検索システムを活用することができるが、初学者の場合や専門分野以外の本を探そうとする場合はキーワードが分からず上手に求める本にたどりつけないことも多いはずである。そこでお勧めしたいのが、レファレンスカウンターの活用である。

　図書館レファレンスを活用すれば、自分ひとりで本を探すよりも速やかに必要とする本にたどり着くことができるし、普段は手にとらないジャンルの本を紹介してもらうことで、学びの範囲が広がることも多い。自分が何を探したいのか、どういう経緯でそういう探し物をしているのかを伝えた上で、担当司書とコミュニケーションを取りながら資料探索をしてほしい。活用すればするほど文献調査が上達し、さらなる知的探究へと進んでいくことができる。学ぶ上で頼りになる図書館を活用することも、重要なアカデミック・スキルズのひとつである。レポートや論文作成の際にも、このような探究する力が活きてくるというものである。

### 2）現地を訪ねる

　講義では、実際に訪れることができる地域や施設、イベント等の事例が紹介されることがあると思う。そのようなものについては、講義で聴いたり写真で見たりするだけでなく、興味を持ったものからぜひ積極的に足を運んでもらいたい。自らの五感で体験することで気づくことが必ずあるし、楽しみながら学びを深める機会になるはずである。ひとりで訪れて自らと対話するのもよいし、友人と一緒に出かけて感じたことを共有したり意見交換したりするのもよい。そのようにして、ぜひ身近な地域を再発見することにもつなげていってもらいたい。こういった経験は、レポートや論文作成、あるいはディスカッションやプレゼンテーションを行う際に、説得力のある材料としてあなたの役に立つことは間違いない。

## おわりに

　本章では大学でのノートの取り方について記述した。繰り返しになるが、ここで伝えたかったのは大学の講義でノートを取ることを通して思考を働かせ、自ら問いを見つける力を身につけていってもらいたいということである。ノートを取ることを通して講義する教員の思考を理解し対話すること、聴いた内容を再整理しながら自分なりの表現で記載していくこと、気づいたことをどんどん書き残していくこと、そしてノートを見返しながら講義を振り返ったり自分が調べたり学んだりすべき内容を確認して次のアクションへ移っていくという一連の流れをここで示した。これらを意識して講義に臨みノートを取っていくことで学ぶ力は日増しに伸びていくことだろう。

　大学では、受け身で教わろうとするのではなく積極的に学ぶ姿勢で全てに臨んでもらいたい。そのような姿勢があなたのノートの取り方に現れ、学ぶことの楽しさに気づいていくことを期待する。

```
第3章
情報収集の基礎
```

## はじめに

　レポート課題や卒業論文の執筆にあたっては、情報を集めることがその第一歩である。何を調べたいのかはっきりしない時は、大学の講義などで学習した内容や、これまで見聞してきたことを振り返り、現在の興味関心と結びつけながら考えることによって、調べたいことがより具体的になる。また、何を調べたかよりも、なぜ調べたのかという執筆者ならではの視点（価値）も加えることができる。漠然と取り掛かるよりも、経験や知識を整理することで、執筆者自身の課題がより明確になることであろう。レポート課題や卒業論文の価値は、執筆者の主張とともにその根拠を補う資料の質によって高められる。したがって、いかにして価値の高い情報を収集し、提供していくかが大切である。

　本章で示す情報収集の方法を参考にして、関連情報をできる限りたくさん集めてもらいたい。そしてまた、論文構成や執筆の過程でわからないことが出てきたときは、さらなる情報収集をしてほしい。

## 1　情報源とは

　情報源とは、情報の出どころのことである。私たちは日頃からスマートフォンに慣れているため、インターネット上に掲載されている情報に触れる機会が多い。特に、SNSに示される話題に興味をひかれることが多いのではないだろうか。インターネット上では、フェイクニュースと言われる偽情報を多く見かける。フェイクニュースとは、意図的につくられた虚偽の情報、あるいはあえ

て誤解を招くように仕向けられた情報のことである。このような情報に慣れると、情報の真偽について考える感覚が鈍るかもしれない。そして、このような信憑性が低い情報を疑うことなくレポートや卒業論文に利用すると、文章全体の信用をも損なうことにつながる。不用意な情報活用を防ぐために、信頼性と信憑性を意識しながら、情報収集に努めたい。

　情報源となる資料の質の高さと低さは、一つひとつ検証しなければわからない。しかし、出所の信頼性や信憑性は、資料選びの目安となる。信頼性とは、より信頼のできる著者や組織、団体、出版社などを指す。信憑性とは、その情報が信用できる度合いを指す。インターネットは情報で溢れているが、情報発信者や記述内容が不確かであれば、質が低い情報とみなされることがある。このような情報をレポート課題や卒業論文へ用いることは不適切である。

　また、書籍や論文などの著者は、一般的には何らかの資料や文献を引用しながら独自の視点で論を展開している。書籍や論文などで用いられている引用箇所を自身の論文に活用したい場合は、元となる資料（情報源）を入手して、そこから引用する必要がある。情報源を入手せずに引用箇所を利用することは、孫引きと呼ばれ、基本的には認められない。原著（情報源）が絶版や講演会資料などのように、どうやっても入手できない場合には、そのことを脚注などに明記して、一次文献、二次文献を示すことが賢明な方法である。孫引きは、私たちの生活で例えるなら、また聞きに類似している。第三者に対して、より正確な情報を示すためには、情報源に当たることが必要である。

　いくつかの文献を探しても求める情報に出会えないときは、必要に応じてヒアリング調査やアンケート調査を行うことも有効である。

## 1－1　一次資料と二次資料

　図書館で使われる用語に、一次資料と二次資料がある。一次資料とは、館内に収められた資料（図書、CD、DVDなど）のことである。二次資料とは、一次資料を探すための検索ツールのことである。

　図書館の二次資料は、OPAC（Online Public Access Catalog：図書館蔵書検索システム）であることがほとんどである。図書館まで行かなくても、公式

ウェブサイトからOPACを使用することができる。資料をできる限り早く入手したい場合には、比較的近くにある図書館の利用を勧める。特に学術的な図書については、大学附属図書館の利用を勧める。

　自身の研究テーマに関連する図書を二次資料だけで探し出すことは、簡単なようで意外と難しい。なぜならば、目的の図書を複数探し出す場合に、多様なキーワードを用いることが求められるからである。例えば、「スマホ決済」に関連する事柄に興味を持った場合に、電子決済、モバイル決済、バーコード決済、キャッシュレス、電子マネーなどのように、似たようなキーワードがいくつもある。検索ではキーワードを変えたり、組み合わせたりしながら目的とする図書を探し当てる作業になる。

　このため、ブラウジングという方法と合わせて、関連する書籍を見つけ出すことが有効である。ブラウジングについては後に説明する。

## 1－2　情報源の種類

　情報源の種類は、数多くある。例えば、身近な人との会話、大学の講義、インターネットサイト、テレビ、新聞、雑誌、書籍、会議の議事録などがある。情報を集める際には、自身の研究テーマに関係する価値ある情報を取捨選択していくことが大切である。同じ情報であっても、ある人にとってはその情報の価値が高いかもしれないし、別の人にとっては価値が低い場合がある。例えば、最新型のスマートフォンに興味がある人は、その機能や発売日に関する情報の価値は高いであろう。しかし、そうではない人にとっては、価値は低く、むしろ不要な情報である場合もある。

　自身の研究テーマにとって、より価値の高い情報をより信頼性と信憑性の高い情報源から得ていくことが大切である。そのためには、情報源のもつ特徴を理解し、活用していくことが重要である。

　また、情報源の活用については注意が必要である。論文のテーマや構成を考える段階で、大学教員や友人の話、大学の講義、ラジオ、テレビの番組などに興味を持つことは有効な方法だと言える。しかし、研究の位置づけにもよるが、レポートや論文を執筆する際にそれらの情報をそのまま論拠とすることはよい

方法とは言えない。なぜならば、思いつきで話している場合もあるし、誤解が含まれる場合もある。もし論文にこれらの情報を活用したい場合には、その発言の根拠として考えられる情報源に当たるのが適切な方法であろう。

## 1－3　情報源の特徴

　情報源には以下のような特徴があると考えられる。

　情報として最も早いのはインターネットのSNSやウェブサイトを使った情報である（図3‐1）。またライブで行われているラジオやテレビ番組もタイムリーな情報である。特に、インターネットによる情報は、誰が情報を発信しているのかに気をつける必要がある。他者のチェックを受けずに投稿されることが多いからである。速報性が重視されるため、誤報が含まれる場合もある。新聞は、紙媒体の中では、最新の情報が多く含まれている。編集作業において複数名で確認されていることが多い。ただし、論説については、新聞各社の考え方が反映されることが多いため、複数の新聞記事から情報を得ることが望ましい。いずれの媒体もスピードが求められるため、断片的な情報となることが多い。

　一般雑誌、学術雑誌、講演会は、専門家などによって解釈がなされ、一般あるいは学術界で公開される。ウェブサイトや新聞に比べ時間をかけて検討され

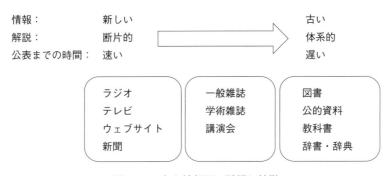

図3-1　主な情報源の種類と特徴

出典：「情報の種類と特徴［KITIE］慶應義塾大学メディアセンター」を参考に情報源の種類を追記・削除し、カテゴリ化されたものをさらに束ねた。また、「情報」、「解説」、「公表までの時間」を追記した。
https://www2.lib.keio.ac.jp/project/kitie/types/（閲覧日：2022年10月8日）

るため、より詳しいものとなる。しかし、体系化されるまでには、さらに時間がかかると考えられる。学術雑誌は、査読が導入されている場合は、出版までに数年を要することがある。この場合、専門家による議論が行われているため、信頼性と信憑性は高いと考えられる。

　図書や公的資料、教科書、辞書、辞典などは、一般雑誌や学術雑誌、講演会などの情報をさらに体系化させてから出版される場合がある。そこで示される情報は、かなり時間が経過していることがある。

　ここでは時間の経過を中心に情報源の特徴を紹介した。それぞれに長所があるので、その特徴を活かした情報活用をしてほしい。例えば、新聞は、当時の状況を刻々と記録、蓄積している情報源と考えることができる。その時代の話題を反映していると考えるならば、当時の社会状況を知るうえでは大変に役立つ資料である。こうした情報は、新聞のデータベースを活用することが有効な手段である。


## 2　図書館の利用

　図書館は情報の宝庫であり、データベースの役割を担っている。レポートや論文を執筆する上で図書館の利用は有効である。自身の身の回りにどのような図書館があるのかを探してほしい。インターネットの地図検索サイトで「図書館」と入力すると、周辺の図書館を容易に見つけることができる。都道府県の図書館、市町村の図書館、大学附属図書館などが見つかるのではないだろうか。実際にその図書館の公式ウェブサイトで利用案内を開き、自身が利用できるかどうかを確認する必要がある。また、実際に訪れる時には、図書館の公式ウェブサイトにて開館予定を確認するのが望ましい。特に、検索サイトの結果で示される「営業中」の表記は実際とは違う場合があるので注意が必要である。図書館は臨時休館することがある。他にも、館内整理期間には、数日休館することもある。また、社会情勢やその他の事情で利用の制限などがかかる場合もある。

## 2－1 図書館の種類と特徴

　図書を利用できる公共施設は数多くある。本節では、レポートや論文執筆の際に便利な都道府県の公立図書館、市町村の公立図書館、大学附属図書館、国立国会図書館の特徴について述べる。

　都道府県の公立図書館においては、その都道府県に関連する書籍や古文書などの郷土資料が保管されているほか、多くの種類の図書が収められている。例えば、岡山県立図書館には日本の新刊図書の70％程度が収められている[1]。

　市町村の公立図書館には、市に関連する書籍や古文書などの郷土資料が保管されている。また、市民向けに一般書籍やCD、DVDなどが収められている。

　大学附属図書館には、その大学が有する学部や大学院研究科の専門図書が豊富に揃えられている。

　国立国会図書館には、日本国内で発行された出版物がほぼすべて所蔵されている。国立国会図書館には東京本館、関西館、国際子ども図書館の3館がある。図書の特徴によって、収められている館が異なる。

　レポートや論文を執筆する際には、近くに国立国会図書館がない場合は、大学附属図書館の利用が最も適しているであろう。ただし、自身が所属する大学附属図書館に思うような図書がない場合は、他の身近にある図書館の図書をOPACで検索するのが賢明な方法である。例えば、比較的書籍が充実している都道府県の公立図書館が近くにあるなら、OPACで検索するとよい。また他大学の附属図書館も一般の利用を可能としている場合があるので、その場合はOPAC検索してから利用するとよい。閲覧したい図書は決まっているが、身近な図書館にない場合は、他の図書館からの相互利用を検討する。

　一般に図書館には、複数の図書館間での相互利用の制度がある。特に大学図書館の場合、他大学に所蔵されている図書資料の取り寄せ、複写サービスなどを受けられる場合が多い。また、自身が利用する大学附属図書館や公立図書館が、国立国会図書館の図書館間貸出制度に加入している場合は、国立国会図書館に所蔵されている図書や資料を借りられる場合がある。レファレンスカウンターで図書館員に尋ねるとよい。いずれも、取り寄せの場合には、届くまでに数日から数週間、それ以上かかる場合があるので、注意を要する。

## 2−2　OPACによる検索

　OPACは、図書館に収められた図書や資料、CD、DVDなどを見つけ出すための検索ツールである。各大学附属図書館では、独自に利用案内の冊子が作成されることがよくある。その中で、OPACの使い方や検索結果の見方が解説されることが多い。

　OPACのデータベースには、著者名、出版社、発行年などのあらかじめ決められた書誌事項が記録されている。OPACで検索すると、これらの情報が一覧で示される仕組みとなっている。

　OPACを使った検索には、キーワードによる通常（簡易）検索と詳細検索などがある。ここでは、この通常検索と詳細検索の方法についてノートルダム清心女子大学附属図書館（以下ではNDSU図書館と記す）での検索事例を使いながら紹介する。

　通常検索は、検索ボックスにキーワードをスペースで区切りながら入力して検索する方法である。キーワードを多く入れると、検索される対象が絞り込まれる。AND演算と呼ばれる方法で、例えば、検索ボックスに「幸せ」「心」「気分」というキーワードをスペースで区切りながら入れると、この3つの言葉が全て含まれる図書や資料が検索結果一覧に示される。NDSU図書館のOPACで通常検索すると検索結果は0件であった。

　そこで、「気分」のキーワードを削除し、検索ボックスに「幸せ」「心」の2つのキーワードを入れて検索したところ、21件の検索結果が示された。キーワードは図書のタイトルだけではなく、内容注記や別書名、注記などに記載された言葉が検索された。

　この検索結果では、図書の表紙写真とともに図3−2のような書誌情報が一覧として示された。

　この図3−2の書誌情報をクリックすると、さらに詳細な情報が表3−1、表3−2のように示された。

　このとき、表3−1の「所在」の項目に記された「図書館・2階」をクリックすると、図書館2階の平面図が示され、書架の位置がわかりやすく示された。また、表3−2の詳細情報の「著者情報」の「渡辺, 和子（1927−）」をクリッ

クすると、その著者の図書が一覧となって示された。また、「件名」の「人生訓（女性）」をクリックすると人生訓（女性）に関連する図書の一覧が15件示された。このように、検索した結果を関連付けて検索範囲をさらに広げて調べるには、「著者情報」や「件名」を利用することが有効である。

```
幸せはあなたの心が決める
著者名    渡辺和子著
出　版    PHP研究所　2015/9
ISBN     9784569784991
所　蔵    図書館・2階　914.6/W　帯出可
状　況    在庫中
```

図3-2　主な情報源の種類と特徴

表3-1　巻号情報の在庫一覧

| No. | 予約人数 | 刷年 | 所在 | 請求記号 | 資料ID | 貸出区分 | 状況 | 備考 |
|---|---|---|---|---|---|---|---|---|
| 1 | | | 図書館・2階 | 914.6 W | 1201503148 | 帯出可 | | |
| 2 | 0 | | 図書館・2階 | 914.6 W | 1201604200 | 帯出可 | | |
| 3 | | | 図書館・2階 | 914.6 W | 1201604201 | 帯出可 | 貸出中<br>（2022/10/11） | |

表3-2　巻号情報の詳細情報

詳細情報

| 刊　　　　　年　： | 2015 |
|---|---|
| 形　　　　　態　： | 141 p ；18cm |
| 注　　　　　記　： | 参考文献：巻末 |
| 出　版　国　： | 日本 |
| 標　題　言　語　： | 日本語（jpn） |
| 本　文　言　語　： | 日本語（jpn） |
| 著　者　情　報　： | 渡辺, 和子（1927 －）（ワタナベ, カズコ） |
| 分　　　　　類　： | NDC8：159.6 |
| 件　　　　　名　： | 人生訓（女性） |
| Ｉ　Ｓ　Ｂ　Ｎ　： | 978469784991 |
| Ｎ　Ｃ　Ｉ　Ｄ　： | BB19712245 |
| 番　　　　　号　： | TRC：15047238 |

　詳細検索は、表3 - 3のような項目に条件を入れながら資料を探す方法である。実際にNDSU図書館（https://lib.ndsu.ac.jp/）の「詳細検索」をクリックして、表示画面を確認してもらいたい。

　各項目の入力フォームに、キーワードや年、番号などを入力する。項目によっては、あらかじめ用意された選択肢を一つ選ぶようになっており、初期の画面では全て①が選択されている。

　検索先サイトは、①本学所蔵、②他機関所蔵［CiNii Books］、③国立国会図書館、④リポジトリ［IRDB］からひとつを選択することになっている。

① 　本学所蔵では、NDSU図書館内の資料が検索される。

② 　他機関所蔵［CiNii Books］を選択するとCiNii Booksでの検索がなされる。NDSU図書館で検索した時と同じように書籍の一覧が表示される。その中から図書をクリックすると、その図書が所蔵されている他の大学附属図書館や研究施設附属図書館の一覧が示される。これらの附属図書館の右側にOPACと表示されている場合は、OPACの文字をクリックすると対象の図書館のOPACの検索結果が示され、貸出状態を確認することができる。

　　NDSU図書館に所蔵がなく、他の図書館に蔵書が確認できた場合は、NDSU図書館のレファレンスカウンターにて相互利用の相談をするとよい。

③ 　国立国会図書館を選択すると、国立国会図書館に所蔵されている図書や資料の情報を検索することができる。大学附属図書館や公立図書館が、図書館間貸出制度に加入している場合は、所蔵されている図書や資料を借りられる場合がある。NDSU図書館はどうだろうか、レファレンスカウンターで確認してほしい。

④ 　リポジトリ［IRDB］を選択すると、大学の紀要や研究所の所報などの論文を検索することができる。多くの場合、各機関のリポジトリから論文を入手することができる。

　詳細検索は、対象を広げたり狭めたりしながら探す時に便利である。たとえば、視聴覚資料ではなく図書が欲しい場合には、図書を選択して絞り込むこと

ができる。また、タイトル、著者名、件名については、①すべてを含む（AND演算）、②いずれかを含む（OR演算）、③いずれも含まない（NOT演算）によって、キーワードの幅を広げたり、狭めたりしながら、特定の図書、資料を検索することができる。

表3-3　OPACの詳細検索の例

| 検 索 先 サ イ ト | : | ①本学所蔵、②他機関所蔵［CiNii Books］、③国立国会図書館、④リポジトリ［IRDB］から一つを選択 |
|---|---|---|
| 資　料　種　別 | : | ①全て、②図書、③雑誌、④視聴覚、⑤雑誌巻号、⑥電子ブック |
| キ　ー　ワ　ー　ド | : | （①すべてを含む、②いずれかを含む、③いずれも含まないから一つを選択） |
| Ｉ　Ｓ　Ｂ　Ｎ | : | |
| Ｉ　Ｓ　Ｓ　Ｎ | : | |
| Ｎ　Ｃ　Ｉ　Ｄ | : | |
| タ　イ　ト　ル | : | （①すべてを含む、②いずれかを含む、③いずれも含まないから一つを選択） |
| 編　著　者　名 | : | （①すべてを含む、②いずれかを含む、③いずれも含まないから一つを選択） |
| 件　　　　　名 | : | （①すべてを含む、②いずれかを含む、③いずれも含まないから一つを選択） |
| 出　　版　　社 | : | |
| 言　　　　　語 | : | |
| 言　　語　　表 | : | |
| 出　　版　　年 | : | から |
| 和　洋　区　分 | : | （①全て、②和、③洋から一つを選択） |
| 請　求　記　号 | : | |
| 所　　　　　在 | : | （①全て、②オンライン、③図書館・1階語学学習コーナー、④図書館・佐藤茂文庫、⑤図書館・坪田譲治コレクション、⑥キリスト教文化研究所、⑦キリスト教文化研究所・井上洋治文庫、⑧生活文化研究所から一つを選択） |
| 新　着 | : | 日以内 |
| 資料ID | : | |

## 2－3 書架のブラウジング

　書架とは、書棚のことである。図書館には、開架と閉架がある。開架とは、利用者が書棚にある資料を自由に手にとって利用できるようにするやり方である。閉架は書庫などに資料が収められ、図書館員によって取り出してもらうやり方である。

　ブラウジングとは、利用者の閲覧を意味する。ブラウズという動詞には、書棚をあさる、本を拾い読みするという意味がある。開架の書籍や資料はそのように自由にブラウジングできるようになっている。OPACによる検索では、キーワードに基づいていくつかの資料を見つけることができるが、書棚に資料を取りに行ったついでに周辺をブラウジングすることで、OPACでキーワード検索にかからなかった類似の書籍を見つけることができる場合がある。OPACで見つけた書籍よりも自らが求めていた内容に合った書籍が見つかる場合もあるので、OPACによる蔵書検索だけではなく、積極的に開架をブラウジングしてもらいたい。

　その際に、表3－4に示す日本十進分類法による図書の保管方法を知っておくと、どの場所に図書や資料を求めていけばよいのか、見当がつくようになる。日本十進分類法は最新版が新訂10版となっている。第1次区分表（類目表）、第2次区分表（綱目表）、第3次区分表（要目表）、さらに詳細に分類された番号によって区分されている。先ほどのOPACの検索結果は、914.6/Wであった。表3－4で見ると、先頭の91は日本文学となっている。さらに、ここでは割愛しているが、第3次区分表（要目表）では、914は評論、エッセイ、随筆となり、そして、細目表では、914.6は近代：明治以後となっている。つまり、914.6の棚に行くと、似たような資料が近くにあることを意味する。

　情報検索の結果1冊の本しか見つからなかった場合であっても、実際に書棚を訪れてみると、近隣に関連する書籍を見つけることができるかもしれない。

## 2－4 レファレンスカウンターの利用

　図書館に入ってきた図書やCD、DVDなどは図書館員によって分類記号やキーワードなどがつけられる。そして、決められた場所に収められる。それだ

表3-4　日本十進分類法（NDC）第2次区分表（網目表）

| | | | |
|---|---|---|---|
| 0 | 総記 | 50 | 技術. 工学 |
| 1 | 図書館. 図書館情報学 | 51 | 建設工学. 土木工学 |
| 2 | 図書. 書誌学 | 52 | 建築学 |
| 3 | 百科事典. 用語索引 | 53 | 機械工学. 原子力工学 |
| 4 | 一般論文集. 一般講演集. 雑著 | 54 | 電気工学 |
| 5 | 逐次刊行物. 一般年鑑 | 55 | 海洋工学. 船舶工学. 兵器. 軍事工学 |
| 6 | 団体. 博物館 | 56 | 金属工学. 鉱山工学 |
| 7 | ジャーナリズム. 新聞 | 57 | 化学工業 |
| 8 | 叢書. 全集. 選集 | 58 | 製造工業 |
| 9 | 貴重書. 郷土資料. その他の特別コレクション | 59 | 家政学. 生活科学 |
| | | 60 | 産業 |
| 10 | 哲学 | 61 | 農業 |
| 11 | 哲学各論 | 62 | 園芸. 造園 |
| 12 | 東洋哲学 | 63 | 蚕糸業 |
| 13 | 西洋哲学 | 64 | 畜産業. 獣医学 |
| 14 | 心理学 | 65 | 林業. 狩猟 |
| 15 | 倫理学. 道徳 | 66 | 水産業 |
| 16 | 宗教 | 67 | 商業 |
| 17 | 神道 | 68 | 運輸. 交通. 観光事業 |
| 18 | 仏教 | 69 | 通信事業 |
| 19 | キリスト教. ユダヤ教 | | |
| | | 70 | 芸術. 美術 |
| 20 | 歴史. 世界史. 文化史 | 71 | 彫刻. オブジェ |
| 21 | 日本史 | 72 | 絵画. 書. 書道 |
| 22 | アジア史. 東洋史 | 73 | 版画. 印章. 篆刻. 印譜 |
| 23 | ヨーロッパ史. 西洋史 | 74 | 写真. 印刷 |
| 24 | アフリカ史 | 75 | 工芸 |
| 25 | 北アメリカ史 | 76 | 音楽. 舞踊. バレエ |
| 26 | 南アメリカ史 | 77 | 演劇. 映画. 大衆芸能 |
| 27 | オセアニア史. 両極地方史 | 78 | スポーツ. 体育 |
| 28 | 伝記 | 79 | 諸芸. 娯楽 |
| 29 | 地理. 地誌. 紀行 | | |
| | | 80 | 言語 |
| 30 | 社会科学 | 81 | 日本語 |
| 31 | 政治 | 82 | 中国語. その他の東洋の諸言語 |
| 32 | 法律 | 83 | 英語 |
| 33 | 経済 | 84 | ドイツ語. その他のゲルマン諸語 |
| 34 | 財政 | 85 | フランス語. プロバンス語 |
| 35 | 統計 | 86 | スペイン語. ポルトガル語 |
| 36 | 社会 | 87 | イタリア語. その他のロマンス諸語 |
| 37 | 教育 | 88 | ロシア語. その他のスラブ諸語 |
| 38 | 風俗習慣. 民俗学. 民族学 | 89 | その他の諸言語 |
| 39 | 国防. 軍事 | | |
| | | 90 | 文学 |
| 40 | 自然科学 | 91 | 日本文学 |
| 41 | 数学 | 92 | 中国文学. その他の東洋文学 |
| 42 | 物理学 | 93 | 英米文学 |
| 43 | 化学 | 94 | ドイツ文学. その他のゲルマン文学 |
| 44 | 天文学. 宇宙科学 | 95 | フランス文学. プロバンス文学 |
| 45 | 地球科学. 地学 | 96 | スペイン文学. ポルトガル文学 |
| 46 | 生物科学. 一般生物学 | 97 | イタリア文学. その他のロマンス文学 |
| 47 | 　植物学 | 98 | ロシア・ソビエト文学. その他のスラブ文学 |
| 48 | 　動物学 | 99 | その他の諸言語文学 |
| 49 | 医学. 薬学 | | |

出所：もり・きよし原編『日本十進分類法新訂10版簡易版』日本図書館協会、2018年　p.11.

けに、図書館員は、どこにどのような図書や資料が収められるのかについて非常に詳しい。自身が調べたいことで分からないことがあれば、レファレンスカウンターにて相談することを勧める。ただし、調べたいテーマが漠然としていると、どのような資料を求めているのかが伝わらず、図書館員が困る場合がある。自分が調べたいことはできるだけ明らかにしておきたい。例えば、「スマホのことを知りたい」と漠然と言われても、それは、「使い方」なのか、「機能や性能」なのか、「普及率」や「歴史」なのか、「依存症」や「モラル」のことなのか、おそらく戸惑うことであろう。反対に、目的がはっきりしていると、資料探しの強力な味方となってもらえる可能性が高い。

## 2－5　図書館資料の入手

　図書や資料は、サービスカウンターで貸出の手続きを受けると館外に持ち出すことができる。貸出冊数の上限や期間などが定められている場合があるので、気をつけたい。また延滞した時は、ペナルティが課されることがある。図書によっては延長手続きを受けることができるので、そのルールを事前に確認すると便利である。延長や予約手続き、貸出図書の確認については、ウェブサイトでできる場合がほとんどである。そのため、ログインIDとパスワードの管理が大切である。

　また、図書館に資料がなく、他の図書館に所蔵されている場合には、レファレンスカウンターで相談するとよい。図書取り寄せの手続き方法の説明や相手先図書館への問い合わせなどの対応をしてもらえることが多い。また図書の取り寄せに際して、有料、無料、また、複写サービスのみなどの条件を教えてもらえる。さらに、どの程度の日数を要するのかなどを教えてもらうことができる。

　閉架の図書や資料、すなわち書庫に収められた図書や資料、あるいは図書館員のみが入室できる場所に保管されている図書や資料は、取り出してもらわないと手にすることができない。この場合も図書館のレファレンスカウンターあるいは、サービスカウンターに申し出て、図書や資料を出してもらう手続きが必要となる。

## 3　オープンデータの利用

レポートや論文の執筆にあたって、最新のデータを用いた説明や分析は説得力をもつ。例えば、あるまちの現状を説明する際に、過去から直近のデータが用いられると、どのような変化があったのか、あるいは、なかったのかが示され、読み手に伝わりやすい。たとえば、年少人口、生産年齢人口、老年人口が10年でどの程度変化したのかといった比較は、それほど難しくない。

### 3－1　官公庁の白書

各府省庁によって、白書や報告書、統計情報が公開されており、これまでの取り組みや政策課題などが述べられている。デジタル庁が管理運営するe-Govポータル（https://www.e-gov.go.jp/）は、行政機関が発信する政策施策に関する情報や行政サービスなどのポータルサイトである。研究テーマについて、管轄省庁がどのような取り組みを行ってきたのかを白書を通じて知ることができる。それらは、すでに取り組まれてきた課題かもしれないし、あまり重点が置かれてこなかったかもしれない。数年分の白書を確認すると、その省庁の取り組みの様子が見えてくるであろう。

### 3－2　官公庁の統計資料

デジタル庁によるオープンデータのポータルサイト、「データカタログサイト」（https://www.data.go.jp/）は、日本全国の市町村が公開するデータを入手できるようにつくられている。

市町村のデータ利用について、例えば、「データカタログサイト」から、岡山県が整備・運用する「おかやまオープンデータカタログ」（Open Data Catalog of Okayama）（https://www.okayama-opendata.jp/）へリンクがなされている。「おかやまオープンデータカタログ」は、岡山県内の市町村のデータが利用できるポータルサイトである。このリンクをさらにたどると、岡山県内の市町村が公開する詳細なデータを活用することができる。

また、「政府統計の総合窓口」（e-Stat）（https://www.e-stat.go.jp/）は各

府省庁の統計のポータルサイトである。各府省庁によって公開されている統計資料やデータを入手することができる。

　これらのデータは、PDFファイルやCSVファイルなどで公開されることが多い。CSVファイルで公開されている場合は、表計算ソフトや統計解析ソフトで扱いやすい。


### 3－3　その他の公的機関の資料

　自分自身が取り組んでいるテーマが日本独自のことなのか、あるいは他の国特有のことであるのか、そうしたことを確認するのには世界保健機関や国際連合などから情報を入手して、位置づけを確認したい。

　また、これらの国際的な組織が提供する各国のデータから、ある国の特徴や問題が発見できるかもしれない。例えば、日本は世界で一番高齢化が進む国といわれているが、こうした情報は国際連合経済社会局人口課[2]のデータを見ると世界と比べてどの程度、高齢化しているのかを確認することができる。データベースから、エクセルファイルをダウンロードして、人口データを分析することができる。

表3-5　海外のデータベース

| |
|---|
| WHO（https://www.who.int/）<br>保健や人口に関するデータや統計などが提供されている。 |
| United Nations, Department of Economic and Social Affairs Statistics（https://unstats.un.org/UNSDWebsite/）<br>経済、人口、環境などに関するデータや統計などが提供されている。 |
| Eurostat（https://ec.europa.eu/eurostat/web/main/home）<br>ヨーロッパに関するデータや統計などが提供されている。 |
| ILOstat（https://ilostat.ilo.org/）<br>労働に関するデータや統計などが提供されている。 |
| FAOSTAT（https://www.fao.org/faostat/en/#home）<br>食料と農業に関する1961年から最新までの245か国以上のデータや統計などが提供されている。 |
| FISHSTAT（https://www.fao.org/fishery/statistics/en）<br>漁業や水産養殖に関するデータや統計などが提供されている。 |

この他のいくつかの国際機関を簡潔に紹介する（表3‐5）。

## 3−4　学術論文の検索と入手

　国立情報学研究所のCiNii Research（https://cir.nii.ac.jp/）には日本の学術論文や研究プロジェクトに関する情報が豊富に収録されている。日本国内の主要な雑誌記事のデータベースとリンクされており、多くの学術論文やプロジェクトを検索することができる。また、リンクをたどると、論文を入手できる場合がある。

　CiNii Researchの検索ボックスにキーワードを入れて検索すると、論文タイトルや著者名、掲載雑誌などの一覧が表示される。興味がある論文タイトルをクリックするとその論文に関する情報が表示される。各論文の情報についての表示のされ方はさまざまである。例えば、論文の情報として、タイトル、著者名、所属、書誌事項、抄録、収録刊行物（雑誌名、巻号、ページ番号）などが示される。場合によって、タイトルの下に「機関リポジトリ」あるいは、「DOI」のボタンが表示されることがある。「機関リポジトリ」の場合は大学や研究機関が管理運営するデータベースに繋がり、そこから論文をダウンロードすることができることが多い。

　また、「DOI」のボタンをクリックするとJ-STAGE（学術論文のデータベース）に繋がり、そこから雑誌記事をダウンロードできる場合がある。この他に、「NDL ONLINE」、「CiNii」といったボタンが示されることがある。「NDL ONLINE」をクリックすると国立国会図書館のデータベースの検索結果が示される。また「CiNii」をクリックすると大学図書館所蔵の一覧が表示される。ただし、論文の場合は、掲載されている雑誌の巻号が重要である。必ず検索した論文の巻号を確認して、大学図書館所蔵一覧に出てきた図書館のOPACを開いて、雑誌の巻号を照らし合わせる必要がある。雑誌の巻号によっては、所蔵されていない場合がある。

　国内外の論文を検索する場合は、グーグル社が提供するGoogle Scholarが便利である。検索ボックスにキーワードを入力すると、多くの情報が検索結果に示される。しかし、出版された全ての論文が検索されるわけではないので、

そのことを理解しながら利用するとよい。論文によっては、ダウンロードできる場合がある。また、引用情報のみが示されることもある。

## おわりに

　大学附属図書館では、よく利用ガイダンスが行われる。ガイダンスでは、図書や資料がどこに配置されているのかが案内されるので、興味関心があるコーナーを確認してほしい。また実際に、OPACの検索を行うことがあるので、検索ボックスへのキーワードの入力方法と結果の見方が理解できるとよい。さらに、大学附属図書館が契約している学外の文献データベースがあるので、そのデータベースからどのような情報が入手できるのか、一通り確認しておくとよい。

　情報の収集には意外と時間を要する。調べて、理解して、整理して、書き進めて、また新しくわからないことが出て、また情報収集をすることはよくある。その際に、すぐに必要な文献が入手できればよいが、場合によっては、他の図書館から相互利用しなければならない。相互利用は日数を要するので、気を付けたい。大学附属図書館での相互利用の方法を知っていると、いざというときに助けになるので、ガイダンスなどで説明を受けてほしい。

**参考文献**

市古みどり編著、上岡真紀子、保坂睦『資料検索入門：レポート・論文を書くために』慶應
　義塾大学出版会、2014年.

藤田節子『図書館活用術：検索の基本は図書館に』日外アソシエーツ、2020年.

もり・きよし原編『日本十進分類法新訂10版簡易版』日本図書館協会、2018年.

注

1）岡山県立図書館基本構想（答申）

　　https://www.libnet.pref.okayama.jp/tosyokan/mokuhyou/kihonkousou.htm（閲覧
　　日：2022年10月7日）

2）United Nations, Department of Economic and Social Affairs Population Division
　　https://population.un.org/wpp/Download/Standard/Population/（閲覧日：2022年10
　　月7日）

# 第4章
# 統計資料の読み方

## はじめに

　統計とは、「集団における個々の要素の分布を調べ、その集団の傾向・性質などを数量的に統一的に明らかにすること。また、その結果として得られた数値」（広辞苑）とされており、統計資料とは、ある「集団」の「傾向や性質」等を「数量的」に把握するためにまとめられた資料のことである。

　統計資料は、官公庁をはじめ、研究機関や団体、企業等から多種多様なものが公表されている。大学での学びや研究活動では、物事を数値によって客観的に表現する必要から、統計資料の活用が欠かせないものである。

　しかし、統計資料を活用する際に、注意しなければならない点もいくつかある。本章では、統計資料の活用方法と、活用する際の留意点や陥りやすい誤り等について解説する。


## 1　統計資料とは

### 1－1　統計資料とは

　統計資料とは、特定された条件（時間・空間・標識）で収集された情報を観察・測定し、その傾向や性質について、数量的に把握するための統計データをまとめた資料のことである。

　統計資料には、国際連合やその関連機関の資料から、国、都道府県、市町村の各段階の官公庁が発行している資料、民間企業やNPO、大学等の研究機関等さまざまな機関や団体、さらには個人によるものまで、多様な種類の統計資

表4-1　統計資料にみる特定された条件と情報の例

| 特定された条件 | | 例 |
|---|---|---|
| 時間 | 時、期間 | 1月1日時点、4月1日から3月31日まで（1年間）等 |
| 空間 | 場所（地域範囲） | 日本、岡山県、岡山市、北区、町内、小学校圏域等 |
| 標識 | 特性、属性、要素 | 年齢、性別、居住地、大学生、サークル等 |

料が発行されており、インターネット上での公開も進んでいる。


## 1-2　代表的な統計資料

　統計資料を探す場合、まずはデータの調査規模や信頼性という観点から、政府による統計にあたってみることをお勧めする。日本の統計が閲覧できる政府統計ポータルサイト「e-Stat 政府統計の総合窓口」（https://www.e-stat.go.jp/）では、各省庁が公表している統計資料が、まとめて提供されている。

　なお、政府による代表的な統計資料には、表4-2に挙げたようにさまざまなものがある。

表4-2　各省庁が公表している統計資料の概要

【統計局が実施している統計調査・加工統計】

| 国税調査 | 日本に住んでいるすべての人と世帯を対象とする国の最も重要な統計調査である。国勢調査から得られる様々な統計は、国や地方公共団体の政治・行政においてのみならず、民間企業や研究機関でも広く利用されている。 |
|---|---|
| 経済センサス | 事業所及び企業の経済活動の状態、包括的な産業構造を明らかにするとともに、事業所・企業を対象とする各種統計調査の実施のための母集団情報を整備することを目的としている。事業所・企業の基本的構造を明らかにする「基礎調査」と事業所・企業の経済活動の状況を明らかにする「活動調査」の二つから成り立っている。経済構造統計は、国勢調査、国民経済計算に準ずる重要な統計として、「統計法」に基づいた基幹統計に位置付けられている。 |
| 人口推計 | 国勢調査を基に、毎月1日現在の人口を算出している。 |
| 労働力調査 | 日本国内の就業・不就業の状況を把握するため、毎月調査され、完全失業率等が景気判断や雇用対策等の基礎資料として利用されている。 |
| 家計調査 | 家計の収入・支出、貯蓄・負債等を毎月調査している。その結果は、景気動向の把握、生活保護基準の検討、消費者物価指数の品目選定及びウエイト作成等の基礎資料として利用されている他、地方公共団体、民間の会社、研究所、労働組合等でも幅広く利用されている。 |

| 家計消費状況調査 | 世帯を対象として、購入頻度が少ない高額商品・サービスの消費やICT関連消費の実態を毎月調査している。調査結果は、個人消費動向の分析のための基礎資料として利用され、我が国の景気動向を把握するための基礎資料としても利用されている。 |
|---|---|
| 消費者物価指数 | 世帯が購入する家計に係る財及びサービスの価格等を総合した物価の変動を時系列的に測定するものである。家計の消費構造を一定のものに固定し、これに要する費用が物価の変動によって、どう変化するかを指数値で示したもので、毎月作成されている。 |
| 全国家計構造調査 | 家計の消費、所得、資産及び負債の実態を総合的に把握し、世帯の所得分布及び消費の水準、構造等を全国的及び地域別に明らかにすることを目的とする調査である。この調査は、「統計法」に基づく「基幹統計調査」で、国が実施する統計調査のうち特に重要な調査である。1959年以来5年ごとに実施され、2019年調査で13回目。 |

【総合統計書】

| 日本統計年鑑 | 日本の国土、人口、経済、社会、文化等の広範な分野にわたる基本的な統計データが、網羅的かつ体系的に収録されている。官公庁や民間調査機関等の実施又は作成している統計調査、業務統計及び加工統計から基本的なデータを選択し、編集している。2022年（第71回）は、30の分野、542の統計表からなり、各章の冒頭には、統計調査の概要、用語の説明等についても解説されている。 |
|---|---|
| 日本の統計 | 日本の国土、人口、経済、社会、文化等の広範な分野に関する基本的な統計を選び、手軽に利用しやすい形に編集したもので、2022年版は、29の分野、368の統計表、48のグラフから構成されている。 |
| 世界の統計 | 国際社会の実情や世界における日本の位置付けを、統計データを用いて正確にみることを目的に編集されており、国際機関の提供している統計データから、世界各国の人口、経済、社会、環境等について、約130の統計表にまとめている。 |
| Statistical Handbook of Japan | 統計を通じて日本の最近の実情を分かりやすく紹介した英文の刊行物。人口、経済、社会、文化等の各分野について、統計表・グラフ・地図・写真を交えて解説している。 |
| 社会生活統計指標—都道府県の指標— | 社会・人口統計体系において整備された各種統計指標（人口・世帯、自然環境等13分野）の中から、都道府県別の主要なデータを取りまとめたものである。2022年版は、581の指標、549の基礎データを掲載している。 |
| 統計でみる都道府県のすがた | 「社会生活統計指標—都道府県の指標—」の中から主な指標値を選定して、各都道府県の指標が一覧できるように再編成したもので、2022年版は431の指標を掲載している。 |
| 統計でみる市区町村のすがた | 社会・人口統計体系（人口・世帯、自然環境等13分野）で体系化した指標の中から全国の市区町村を対象としたデータを取りまとめたもので、主な基礎データを掲載している。2022年版は、93の基礎データを掲載している。 |

【内閣府の統計情報・調査結果】

| 世論調査 | 政府の施策に関する意識を把握するため、内閣府により、世論調査が定期的に実施されている。2017（平成29）年度から2021（令和3）年度の5年間に実施された世論調査は、以下のとおりである。<br>・社会意識に関する世論調査・家族の法制に関する世論調査・離婚と子育てに関する世論調査・外交に関する世論調査・国民生活に関する世論調査・移植医療に関する世論調査・道路に関する世論調査・農山漁村に関する世論調査・気候変動に関する世論調査・地域社会の暮らしに関する世論調査・薬局の利用に関する世論調査・公共交通機関利用時の配慮に関する世論調査・食生活に関する世論調査・2020年東京オリンピック・パラリンピックに関する世論調査・基本的法制度に関する世論調査・森林と生活に関する世論調査・医療のかかり方・女性の健康に関する世論調査・男女共同参画社会に関する世論調査・環境問題に関する世論調査・がん対策・たばこ対策に関する世論調査・成年年齢の引下げに関する世論調査・老後の生活設計と公的年金に関する世論調査・ＮＰＯ法人に関する世論調査・再犯防止対策に関する世論調査・食と農林漁業に関する世論調査・子供の性被害防止対策に関する世論調査・生涯学習に関する世論調査・自衛隊・防衛問題に関する世論調査・防災に関する世論調査・人権擁護に関する世論調査・科学技術と社会に関する世論調査・障害者に関する世論調査・救急に関する世論調査 |
|---|---|
| 統計情報・調査結果 | 統計情報・調査結果として、内閣府から以下の統計情報が公開されている。<br>［経済社会総合研究所］国民経済計算（GDP統計）・民間非営利団体実態調査・地方公共団体消費状況等調査・民間企業投資・除却調査・景気動向指数・機械受注統計調査・消費動向調査・法人企業景気予測調査・企業行動に関するアンケート調査・組織マネジメントに関する調査<br>［政策統括官］景気ウォッチャー調査・市民の社会貢献に関する実態調査・特定非営利活動法人に関する実態調査・青少年のインターネット利用環境実態調査・若者の生活に関する調査・生活状況に関する調査・高齢者の日常生活・地域社会への参加に関する調査・高齢者の生活と意識に関する国際比較調査・高齢者の経済生活に関する調査・高齢者の住宅と生活環境に関する調査・高齢者の経済・生活環境に関する調査<br>［子ども・子育て本部］幼稚園・保育所・認定こども園等の経営実態調査<br>［男女共同参画局］男女間における暴力に関する調査<br>［地方創生推進室］SDGsに関する全国アンケート調査<br>［公益法人行政担当室］公益法人の寄附金収入に関する実態調査 |

## 2　統計資料を読むときの留意点

### 2-1　統計資料の正確さについての判断

　数値で示されている資料は、正確で信頼性が高いと思い込みがちであるが、統計には誤差が避けられないことを知っておかなければならない。統計資料として用いられるデータの収集にはさまざまな方法が用いられるが、調査の対象の範囲の観点では、対象となる母集団の全てを調べる全数調査（悉皆調査）と、その一部を抽出して調べる標本調査（サンプル調査）の2種類がある。国勢調査や経済センサスに代表される全数調査（悉皆調査）は、誤差なく正確な結果が得られる反面、膨大な費用や手間がかかるという欠点がある。多くの調査は、標本調査（サンプル調査）で行われており、母集団の中から抽出した標本を調査し、全体の数を推定する調査方法である。全数調査に比べて手間や費用を省くことができる反面、本当の値との誤差が生じてしまう可能性がある。

　例えば、国政選挙等では、開票作業が始まったとたんに「当選確実」との報道が出る。これは、各報道機関が出口調査やアンケート調査の結果等を基に判断しているもので、早期に当選確実とされた立候補者が落選するということはなく、実際の開票結果との差異も少ない。しかし、最終的に僅差の得票数となる場合では、開票前の予測と異なる結果となる場合もあり、全ての開票作業が終わるまでは当落が確定することはない。出口調査等でいくら統計的に確率が高まったとしても、このような標本調査の場合、誤差や歪みを完全になくすことは困難である。

　また、民間団体や民間機関、個人によって行われている調査の場合は、その統計資料がどのように作成されたのか確認すべきである。国によって作成されている国勢調査をはじめとした統計資料は、作成に必要な経費を確保し、住民の居住実態の情報を利用できることなどから、その内容にはかなりの信頼性があると言える。もちろん民間団体等の信頼度が低いというわけではなく、公的機関にはない独自のすぐれた統計資料が多く作成されており、研究にも積極的に活用することができる。ただし民間が作成する場合には、情報収集手段等に一定の限界もあると考えられるため、サンプル数が極めて少ない標本調査と

なっていないか、調査地点が特定の地域に偏っていないかといった点には留意すべきである。

　この他にも、他者が作成した統計資料を加工して、別の者が発行している場合には注意が必要である。例えば、国によって作成された統計資料から一部の都合の良い数値だけ意図的に取り上げ資料化しているために、本来の統計資料から読み取られるものとは異なったデータになっている可能性もある。加工されている資料を利用する場合は、原典を確認するなど、注意が必要である。

　近年は、インターネットを介して行うオンライン調査（インターネット調査、ネットリサーチ、オンラインリサーチなどとも言う）が、マーケティングリサーチ等のみならず学術調査においても欠かせない調査法となってきている。このオンライン調査のメリットは、コストをかけず、短期間で多くの人に調査を行うことができ、回収までにかかる時間を短縮することができることである。グループインタビューや郵送調査等に比べて調査の事前準備における工程も少なく、集計作業も手軽に行うことができる。

　ただし、さまざまな利点がある一方で、さまざまな課題もある。まず、回答者がインターネットを利用している人に限られるため、結果に偏りが出る場合があることが考えられる。現在は以前に比べ、スマートフォンが高齢者層等へも普及しているため、回答者の偏りは解消されていると考えられるものの、調査内容によっては正確な結果を得られない可能性もあるだろう。また、匿名性が高いために、同一人物の複数回答をはじめ、種々の不適切な回答の可能性が考えられ、その信頼性や正確性等には未だ多くの課題がある。こうしたことから、オンライン調査での統計資料を研究等に活用する場合には、慎重さも求められる。

　オンライン調査の代表的なものとして、例えば日本財団による「18歳意識調査」が挙げられる。これは2015年の改正公職選挙法による選挙権年齢の引き下げや、2022年からの成人年齢引き下げの動きの中で、18歳の若者が政治や社会、仕事、家族、友人、恋愛等をどのように考え、意識しているかを幅広く知ることで、新しい社会づくりに役立てることを狙いにしたものである。以下のようなさまざまなテーマでの調査が行われている。

2018年9月から2022年9月（第50回）までに行われた調査テーマ
「インターネット利用と侮辱罪」・「防災・減災」・「エネルギー」・「ウクライナ
情勢」・「国や社会に対する意識」・「18歳成人・18歳の価値観」・「女性の生
理」・「国際・多文化共生意識」・「コロナ禍と社会参加」・「国政選挙」・「新型
コロナワクチン」・「性行為」・「公共トイレ」・「憲法前文」・「少年法改正」・
「コロナ禍とストレス」・「脱炭素」・「教育格差」・「デジタル化」・「新しい
食」・「読む・書く」・「地方創生」・「SNS」・「東京オリンピック・パラリン
ピック」・「学校教育と9月入学」・「新型コロナウイルスと社会」・「子どもと
家族」・「格差社会」・「食品ロス」・「気候変動」・「国や社会に対する意識」・
「環境」・「メディア」・「働く」・「消費税」・「東京オリンピック・パラリン
ピック」・「国政選挙」・「海外と日本」・「憲法」・「国会改革」・「災害・防
災」・「地方創生」・「国の借金」・「大学入試」・「成人式」・「セックス」・「障
害」・「働く」・「恋愛・結婚観」・「新聞」・「18歳成人」

（https://www.nippon-foundation.or.jp/what/projects/eighteen_survey）

## 2-2　複数の統計資料を用いる

　説得力ある主張をするためには、1つだけの統計資料ではなく、複数の統計
資料から総合的に判断できる根拠を提示し、主張する必要がある。なぜなら、
使用した一つの統計資料に何らかの偏りがあったり、時間の経過のなかで資料
の有効性が失われていたりした場合、あるいは結果の異なる統計資料があった
場合、その一つの資料のみに基づいた主張は根拠を失うことになるからである。
このように、物事の主張には多面的な分析が欠かせないのである。

　例えば、政策上の大きな争点について、新聞やテレビ等マスコミによる世論
調査の結果が、各社によって大きく異なることがある。ある事柄への賛否を問
う質問で、A社の調査では「賛成」と「反対」の2択で質問をしていたとする。
これに対し、B社では「全面的に賛成」、「条件付きで賛成」、「反対」の3択で
質問していたとする。これについて、全面的に賛成することには躊躇している
中間層の人々の多くが、A社が示した2択の場合は「反対」と回答し、B社が
行った3択の場合では、「条件付きで賛成」と回答したと考えてみよう。この
場合、仮に「条件付きで賛成」を「賛成」と扱ってしまうとすれば、結果は大
きく異なってしまうだろう。また、回答を導き出すための設問の順序や文脈に
よっても、結果に違いが出てくるであろう。このように、1社の世論調査の結

果だけを鵜呑みにすると、ある程度適切な統計資料であったとしても、その情報の意味を捉え損ねてしまうことになりかねない。

　研究において資料を用いる場合も同様である。「女性の社会参加がどの程度実現しているのか」という研究テーマで統計資料を用いる場合を考えてみよう。女性の社会参加に関連する資料は数多くあるが、女性の社会参加が促進されたことを示す資料もあれば、なお多くの課題を残していることを示している資料もある。前者だけ用いて「女性の社会参加が促進されている」と主張するのも早計であるし、後者だけ用いて「女性の社会参加が停滞している」と主張するのも公平ではない。女性の就業率、女性の雇用形態や就業継続の状況、女性管理職の割合、女性議員の割合、進学率の男女差、平均所得の男女差等、さまざまな資料を用いて総合的に分析しなければ、女性の社会参加の実現の程度を適切に表すことはできないはずである。

　このように、統計資料を用いて研究を行う場合においても、1つのデータだけに頼らず、問題をできるだけ多角的に捉え、さまざまな情報を総合しつつ、考察を進めていかなければならないのである。


## 2-3　傾向値の見方

　統計資料には、交通事故件数の推移や死亡原因の推移といった、毎年の結果の変化をみて、傾向を判断することができる資料がある。こういった統計資料から「増えている」「減っている」といった判断は、できるだけ長い経過を調べて行うべきである。ある数年だけ見ると、減少している場合もあるが、増減を繰り返しながら、長期的な傾向として増加している場合は、通常「増加傾向にある」と表現されている。数年だけを捉えて「増えている」「減っている」と決めつけると、誤った判断をすることになる。

　また、「増えている」という場合も、たんに当然の現象にすぎないという場合も少なくないので、過大評価をしないように注意しなければならない。例えば、近年コンビニエンスストアの総売上額が増加しているとしよう。しかしそうだからといって単純に「コンビニの売上げは増えている」と結論することはできない。もしこのときコンビニの店舗数も増加しているとすれば、そのこと

によって必然的に総売上額は増えると考えられる。したがって、店舗数の伸び
を上回って売り上げが増加している場合に、はじめて「増えている」と評価で
きるのである。

　また、ある年だけ急に変化している場合、すぐに「激変している」と決めつ
けるべきではない。その年だけの特殊要因があるのかもしれないと考えてみる
べきである。例えば、日本の医療費の推移をみると、2000年度は前年度より
減少している。これをもって、減少に転じたといえるわけではない。この年に
減少したのは、介護保険制度がスタートして、それまで医療費として支出され
ていた一部が介護保険に移行するという、特殊要因があったためである。

　毎年、同じ定義、同じ手法で行われた調査による統計資料を扱う場合にも、
確認すべき点がいくつかある。長期にわたって調査が継続している場合、途中
で調査内容の一部を変更することがある。例えば、小売物価統計調査は対象と
する品目を入れ替えることがあるし、日経平均株価やTOPIXと呼ばれる日本
の株価全体の動きを見るためのデータも、対象となる企業を入れ替えることが
ある。入れ替え自体は、長期的な正確さを維持するために欠かせないのだが、
入れ替え直後の統計資料を、直前と単純には比較できなくなる。ましてや、
もっと本格的に調査方法を変更している場合は、連続性に欠けてしまうので、
その資料によって傾向を判断することには慎重であるべきである。

## 2-4　いつの時点のものか

　統計資料を収集する場合、その資料がいつの時点において調査されたもので
あるかを確認する必要がある。土地の標高や面積といった短期間には変化しな
い場合や、歴史的経過の分析のような意図的に古いものを利用するような場合
を除き、できるだけ最新のデータを収集すべきである。

　人口、就業者数、交通量、商品の販売額といった社会的な統計は、日々変化
していくものであるため、いつの時点のデータであるのか確認が必要である。

　一般的には、調査を行い、統計資料として整理し発表するまでには、一定の
時間がかかるため、利用者が入手したときにはすでに古い情報となっている場
合が少なくない。入手した情報がいつの時点のデータか確認しないと適切な

活用ができない場合がある。


## 3　統計資料の数値の判断

### 3－1　客観的な判断

　統計資料の数字は、正確で信頼性が高いと捉えられがちであるが、実際には誤差や主観的な判断も入り混じっている。私たちは日常生活においても、例えばキャベツの値段が「高い」と判断するように、数値を見てそれに判断を加える思考を行なっている。この場合の「高い」という判断は、何に基づくものであろうか。過去の値段と比較して高いのか、他の野菜と比較して高いのか、他の店の値段と比較して高いのか、それとも自分で決めている適正価格と比べて高いのか。こうした判断は、数字を根拠にした客観的なものに見えるが、実際には曖昧な記憶や印象によって「高いと感じている」に過ぎない場合もある。

　キャベツが高いのかどうか、というような日常的な話題では、主観的でおおざっぱな判断でもさほど問題ではないが、研究において数値を取り扱う場合には客観的妥当性が要求される。自然科学の研究ではもちろんのこと、社会科学や人文科学においても、データに対しては主観的な判断を避け、客観的妥当性をもった判断をしなければならない。

　新聞やテレビ等マスコミの報道では、客観的に導き出された数字を解釈して説明している。例えば、「増税に反対50%を超える」という見出しがつくと、国民の圧倒的多数が増税に反対している印象を受ける。しかし、逆にいえば、50%弱の人は賛成しているともいえる。これを「増税、賛成が50%弱」と報道するならば、かなり多くの人が賛成しているといった印象を受けるだろう。

　このように、数字に解釈を加えることで、同じ統計資料から正反対の効果を導き出すことさえあり得るのである。したがって、他者が数字にまとわりつかせた主観的な解釈を排して、自分自身で客観的に数字を捉え、判断しようとしなければならない。

## 3－2　数値を過信しない

　統計資料によって何らかの数値が示されると、その数値を絶対視して信じ込んでしまうことになりやすい。数値はいったん発表されると、独り歩きをする魔力をもっている。しかし統計資料の数値には、実際には不確定要素があったり、変動する可能性が高かったりする場合があり、決して絶対視できるものではないので、過信することは禁物である。

　例えば内閣支持率を考えてみると、調査を行う各マスコミによってかなり違っているし、何らかの政策決定等によってすぐにその数字は変化するだろう。もちろん「日本国内の歴代最高気温（観測史上1位）は、2018年（埼玉県熊谷市）と2020年（静岡県浜松市）の41.1℃である」や「名古屋の地下鉄の初乗り運賃は200円である」といったように確定的な数値であっても、今後更新される可能性を持っている。

　また金銭的な事柄について国際比較をする場合、各国の通貨をドルに換算して比較することが多い。円をはじめ各国の通貨とドルのレートは日々刻々と変化しており、1ドル240円のこともあれば、1ドル80円のこともあった。240円で計算するのと、80円で計算するのとでは、まったく違った数値になる。さらに物価水準や生活レベルの違いもあるのだから、単純な比較などできようもない。

　このように、数字をそのまま信じ込むのではなく、誤差はないのか、他に異なる統計資料はないのか、すでに古くなっている統計資料ではないのかなど、その数字のもつ意味をよく吟味しなければならない。

## 3－3　代表値とデータの散らばり

　集団の中心的傾向を示す値を「代表値」という。代表値としては、一般に平均値が使われるが、分布の形によっては最頻値や中央値を代表値にする場合もある。

　データ集団は代表値のみではとらえる事ができない。例えば図4－1から図4－3の散らばりA、B、Cのデータは平均値を見ると、どれも5となり、まったく同じ特徴をもったデータとなってしまうが、平均からの散らばりが大きく異

なっていて、それぞれ違う特徴をもったデータであることが推測できる。

このようにデータを捉えるためには中心的な傾向だけではなく、データの散らばり具合にも着目しなければならない。

例えば、クラスの学力水準を示すのに、テストの平均点を用いることがよくある。仮に数学のテストの平均点が、1組と2組が同じ60点だったとする。この場合、1組と2組の学力水準は同じと考えて良いのであろうか。

もし、A組には100点や90点の人もいれば、0点や10点の人もいて、B組には100点や90点、0点や10点の人はおらず、ほぼ全員が50〜70点のなかにいるとする。この場合、1組と2組の学力が同じとは言えない。

あるいは、クラス40名のうち、100点の人が35人いて、60点が5人いたとする。この場合の平均点である95点という数字は、クラスの代表値とは到底言えない。このように、算術平均値が代表値としての意味を持つ場合とそうでない場合があり、全体の散らばりを考慮して判断する必要がある。

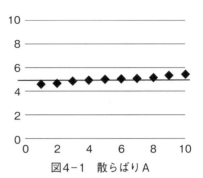

図4-1　散らばりA

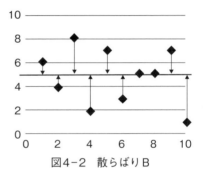

図4-2　散らばりB

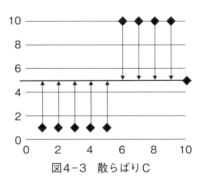

図4-3　散らばりC

また、人口100万人のA市の市民1人あたりのある数値が1,000、人口5万人のB市では5,000だったとする。その場合、A市・B市全体の平均を(1,000 + 5,000)÷2 =3,000とするのが適切であろうか。大多数の人が1,000なのに3,000

を代表値とするのは明らかに不適切である。この場合、(100万×1,000+5万×5,000)÷105万≒1,190として出てきた数値のほうが代表値として適切といえる。「平均」というと、いかにも、客観的に全体の代表値を示しているように感じるが、実際にはさまざまな要素があるので、慎重な判断が求められるということである。

## 4　統計資料に関して陥りやすい誤り

　世の中には、恣意的に統計資料を使っている例が多々ある。例えば、各種メディアを見ていると、「○○を食べれば、○○病が改善する」「○○を食べれば、○○病になりやすい」「○○を飲めば、体脂肪率が下がる」といった広告等をよく目にする。何らかの食品をよく食べている人とそうでない人との間で、ある病気の発病率に有意な差があったというのである。しかし、何をどれだけ食べているか、いちいち記録をつけている人は少ないであろう。また、「よく食べている」「あまり食べていない」という区別をすること自体、主観的で不正確であると言わざるを得ない。

　仮に統計資料それ自体は正確であるとしても、結論を下すのには不十分である。なぜなら、例えばカレーをよく食べる人に何らかの効用があったとする。だからといって、「カレーを食べれば効用がある」と判断して良いのであろうか。カレーを食べると、おのずと具となる食材や米も食べることになる。そうすると、効果があったのはカレーなのか、肉などの具なのか、米なのか、すぐには判断できないはずである。

　また、両者に相関関係があるようにみえるからといって、因果関係があるとみなすのも、陥りやすい誤りである。1990年代、携帯電話の保有率が上昇し、一方で少年非行は減少している。だからといって、携帯電話の保有率が上昇すれば、少年非行を減少させることができるというわけではない。関係ないことが、別次元で起きているにすぎない。あるいは、因果関係があるとしても、原因と結果を逆にとらえることもあるので注意が必要である。

## おわりに

　本章では、大学での学びや研究活動に欠かせない統計資料について、まずは手に取ってもらいたい代表的な統計資料を紹介するとともに、その活用に際しての注意点を述べてきた。

　統計調査の対象となる私たちの社会生活は、さまざまな事象によって多面的に織り上げられている。したがって、それらを分析する場合にも、特定の情報のみを信頼し、根拠として判断するのではなく、できるだけ多くの情報を得て、多角的に物事を捉えて分析し、判断していかなければならない。統計情報として数値が示されていると、その数値を絶対視して信じ込みがちだが、公表されている数値だからといって、決して絶対視できるものではなく、過信することは禁物である。統計資料を活用する際には、その情報の誤差や歪み、偏り等への理解と配慮が欠かせない。

　このような統計情報の留意点等を十分に理解したうえで、これから取り組むレポートや卒業研究等に積極的に活用してもらいたい。

**参考文献**
景山三平『あなたのまわりのデータの不思議: 統計から読み解く』実教出版，2017
小林直樹『だから数字にダマされる』日経BP社，2016
総務省統計研修所『初めて学ぶ統計』一般財団法人日本統計協会，2016
谷岡一郎『データはウソをつく―科学的な社会調査の方法』筑摩プリマー新書，2007
日本財団「18歳意識調査」https://www.nippon-foundation.or.jp/what/ projects/ eighteen_survey
藤澤陽介『すべては統計にまかせなさい』PHP研究所，2014

# 第5章
# 情報の整理

## はじめに

　研究の課題が決まったら資料を集める。十分な資料が集まれば、手堅い研究ができあがる。しかし、資料を集めていくうちに、最初に決めた課題を少し変えたくなることもある。そのようなときは、自分が何に魅かれてその課題を選んだのかを考え直して、さらに資料を探していく。つまり、少しずつ焦点を絞りながら、資料集めと課題への取り組み方の検討を、同時に進めていくことになるのである。

　じつは、研究という行為の大部分はこのような資料を集めるという作業である。書籍や論文、目録、新聞や雑誌の記事、ウェブサイト、広告やチラシ、インタビューを収めた録音テープやICレコードデータ、写真やメモなど、あらゆる情報が研究の手がかりとなり、資料となる。これらのなかから、自分の課題に関わるものを選び出し、後日の利用のために記録する。研究とはこの作業の繰り返しである。研究に試行錯誤はつきものであるから、必要に応じて原資料に戻れることが大切である。したがって、研究の目的や可能性、期待といった価値に基づいて収集されたさまざまな資料を、まずは研究の手立てとして使いやすく整理することが必要となる。

　ここでは、大学での学習や研究で扱う情報の中でも、特に書籍や論文等、記述された資料の整理方法を学ぶ。

# 1　情報を整理する力

　高校までの勉強は、基本的には明確な答えのある問題が取り扱われ、その問題の解き方や答えそのものを覚える暗記の作業が中心だったであろう。もちろん、大学の授業においても、概念や理論などを覚える授業がある。しかし、それはその先にある研究のための準備にすぎない。記憶力だけでは、大学の勉強はこなせない。なぜならば、大学は学問研究を行う場所だからである。

　研究においては、自ら問いを立てて検証・論証することが求められる。そこでは、考える力、整理する力、表現する力が問われる。研究のプロセスにおいて情報を整理する力は必須である。これは、授業を聞いたからといってすぐにできるようになるものではないし、暗記でなんとかなるものでもない。日々の取り組みの積み重ねが何よりも重要である。授業ノートやレポートの作成、研究発表等の一つひとつに丁寧に向き合い、情報を整理する力を定着させてほしい。

## 1－1　紙と情報機器の活用

　情報の記録と整理にはさまざまな方法がある。スマートフォンやノートパソコンなどがなかった時代には、ノートやカード、スクラップブックといった紙のツールを用いて情報を蓄積したり整理したりしていた。現在では、用途に応じて、紙と情報機器を使い分けるとよい。

　大学での学習や研究で得た情報を記録する方法には、授業ノート、研究ノート、文献リスト、読書ノート、調査データなどがある。記録の媒体には、冊子のノート、ルーズリーフ、情報カード、パソコンの文書ファイル、スマートフォンのメモ機能、表計算ソフトや統計ソフトなどがある。

　部屋の整理整頓と同様に、目的に応じて、情報を整理する場所と方法（媒体）を決めるとよい。ただし、完璧に整理しようとすると、大抵はうまくいかないし、また最初から自分に合ったやり方はなかなか見つからないものである。一度選択したら何はともあれ、その方法をしばらく続けてみよう。苦労したり失敗したりしながら、自分にあう情報整理の方法を見つけてほしい。

## 1−2 書いて整理する

　情報を整理する力を身につけるために、授業ノートやメモは手書きで取ることを勧める。書くことは考えることに直結するからである。しかし、単に教員の板書やスライドの文字を写すだけでは意味がない。書き写すことだけで満足するのではなく、考えながら書くことが重要である。口頭で説明される箇所も含めて（実はこちらの方が重要なこともある）、授業内容の要点や疑問点を整理しながら書くのである。どの情報が重要なのか、書きとどめておくべき内容は何か、どのように書けば後の記憶の助けになるのかなどを吟味しながら書く。つまり、授業を聞くことも、情報を整理するプロセスのひとつなのである。なお、昨今では、タッチペンとタブレットを用いる方法もある。

## 1−3 発想ノートのすすめ

　研究に取り組むにあたり、情報や思考を整理する方法として発想ノート（手帳やメモアプリ、クラウドでも良い）を作ることを勧めたい。関心のある分野の情報や日常生活の中で感じた素朴な疑問、考えたことなどを思いついたままにメモしておくのである。いわば研究のネタ帳のようなものである。これは常に手元に置いておきたい。アイディアは思わぬときに思い浮かぶものだからである。散歩をしているときや音楽を聴いているときなど、リラックスしているときに思い浮かぶこともある。折に触れて頭に浮かんだ事柄を記録するのである。そうすることで自分の思考過程が可視化されるし、ノートを繰れば自分の関心の移り変わりを知ることもできる。大切なのは、具体的な形を与えながら自分の思考を紡いでいくことである。

　研究のはじめのころは、図書館や本屋をブラウジングして目に留まった新書などの入門書を読むことで、関心のある研究分野やテーマを探すとよい。テーマが少しずつ絞られてきたら、テーマに関する事柄をノートに記録していく。研究をするということは、一定の期間にわたって特定のテーマに関心を向け続けることである。テーマを見つめていると、さまざまな事柄が気になったり、参考となる材料が思い浮かんだり、新たな発想や考えに繋がったりする。そうしているうちに、取り組む糸口や課題が見えてくる。研究テーマへの関心を頭

の片隅に置き、折に触れて浮かんだことを忘れないうちに形にすることが大切である。この段階では、テーマに関する基礎知識を得るためにレファレンスを活用したり、教科書や概説書を読んだりすることで、課題を絞っていくとよいだろう。

## 2　研究と資料の整理

　課題が絞られてきたら、専門書や論文等を収集して先行研究の整理を行う。自分の課題が過去にどれだけ研究されているか。いつごろから課題として注目されているか。誰が、どのような領域の人たちが、どのような角度で問題を論じているか。対象となる文献や資料がどこにあるか。これらの状況を知ることから研究が始まるのである。自分の課題が他の人の書籍や論文のなかですでに論じられているならば、さらにその課題で研究を進めるのは、それなりの労力を要する。つまり、すでになされた研究を吟味して、それを超える何かを見つけなくてはならないからである。しかし、先行研究があるということは、すでに研究の道しるべがあるということでもある。まずはその道を辿りながら、自分なりの方向を探すのである。

　最初に手掛けるべきことは、自分の研究に必要な資料を網羅的にピックアップし、その書誌情報（著者、タイトル、掲載誌［論文］・掲載紙［新聞］、発行所、発行年、頁など）を記した文献リストの作成である。その際、集めた文献が引用したり参考にしている文献から芋ずる式に調査する方法が便利である。また、複数の書籍や論文で引用されている文献は、そのテーマに関する基本的で重要な文献であることが分かる。もちろん、この段階ですべての文献を読んでいる必要はない。入手した文献から読み進め、文献リストの取捨選択を随時行う。なお、文献リストの作成方法は、あとから説明する。

　課題に近い書名の書籍や論文を選んで読んでも、自分にとって肝心なことが書かれていなかったということが、しばしばある。その一方で、テーマに直接には関係ないと思って、あまり期待せずに読んだものに、予想外の情報が含まれている場合もある。資料調査は最初からあまり範囲を絞らず、広く網をかける

ように行うほうがよいだろう。この作業は、研究の過程で何度も繰り返される。
冒頭でも述べた通り、研究が進むにつれて視点や関心が変わっていくからである。はじめのころに集めた資料が最終的に使われないことはよくある。せっかく収集した資料を使わないのはもったいない気がするが、むしろ課題が絞られ論文作成が進んでいるということである。資料の収集と整理を繰り返し、情報を取捨選択しながら研究は進められるのである。

## 2－1　整理しながら読む

　資料を読む際は、著者の主張にとって大切な箇所や、自分の研究にとって意味がある箇所、参考になる箇所に線を引いたり、読みながら考えたことや疑問に思ったことなどを欄外に書き込んだりしながら読む習慣をつけたい。ページを折ったり、付箋を使用したりする方法もある。ただし、図書館の本は汚損してはいけないため、書き込みはもちろんのこと、糊のついた付箋を使用することも控えるべきである。代わりに紙やカードなどを栞として挟み、それらにメモする方法がよいだろう。

　ただ漫然と資料に目を通すのではなく、能動的に著者の思考の過程や意図を読み取りながら、研究に必要な情報を発見、整理していってほしい。特に、大切な資料は、繰り返し読むことで、自分の言葉として整理されてゆく。論文を執筆していくためには、自分の考えを自分なりの言葉で表現していく過程が重要である。

## 2－2　資料の情報を記録する

　研究の方法にはさまざまなものがあるが、どんな方法をとるにしても、以下のような情報の体系だった整理が必要である。
　①　何について（標題・テーマ）
　②　どのような事柄や記事が（内容）
　③　どこに（出所）
　④　どんな形（形態）で存在し
　⑤　それを何時（年月日）

⑥　どこで（場所）

⑦　誰が（記録者）見いだしたか

⑧　ほかとどのような関連性があるか、もしくはありそうか（参考事項）

　これらの情報を記録したものを研究ノートという。研究ノートは、論文を作成する際に調査（文献資料の調査やフィールドワークなど）したこと、資料の要約や引用、それに付随して、考えたことや疑問に思ったことなどを記録して蓄積するものである。

　また、文献情報の蓄積を目的としたものをとくに読書ノートという。書かれる内容は、作成年月日、書誌情報、著者の主張、キーワード・キーセンテンスの要約や引用、著者の主張に対する自分の考えや疑問点などである。

　なお、研究ノートや読書ノートに書き方の決まりはない。記録の媒体も、冊子のノートや手帳、カード、パソコンの文書ファイルやスマートフォンのメモ機能など、さまざまである。研究を行う者は、自分にとって必要でやりやすい記録や情報整理の方法を常に模索している。研究の全体を見渡すときに役立つもの、個々の要素の分類や組み替えに便利なもの、大量の資料を記録するのに適したものなど、それぞれに利点と限界があるので、どの目的を優先するかによって選択は変わってくる。以下に、資料を記録して整理する際の留意点を記す。

## 2－3　手がかりを残す

　図書館やパソコンで調査を進めているときに、興味を引く情報が得られると、そこから次々に関連情報を追跡するうちに、思わぬ発見をすることがある。それも、研究の面白さではあるが、問題はあとになって、その「手がかり」を改めて探し出すのが難しいことである。数枚のレポートを作成する場合であれば、作成する過程で参照した資料を覚えておくことができるかもしれない。しかし、論文となるとそうはいかない。比較的長期にわたり大量の資料に当たるため、忘れることを前提に、こまめに記録することをすすめる。また、論文を書き上げる際に、ある情報がどの資料に記載されていたのか分からない、必要な資料

が見つけられないなどと慌てることがないためにも、記録する習慣をつけるとよい。

　パソコン等でデータを検索するときには、ファイル名と作成日時が大切な目印になる。前者は、数字、アルファベット、ひらがな・カタカナ（五十音）、漢字（JISコード）の順、後者は時系列の順に並んで表記されるので、それを念頭にファイル名を書き込むようにする。

　また、どこから入手した情報なのか、出所を明記しておく必要がある。図書館で文献を探したなら、書誌情報はもちろんのこと、書架の場所、資料の形態（書籍・雑誌・新聞）など、何から手掛かりを得たかを簡潔に記録する。インターネットを利用したのなら、資料を掲載している場所のURL（https://等で始まるウェブサイトのアドレス）と入手した日を記録する。そうしておけば、いつでも検索することができる。しかし、インターネットから得た情報は絶えず更新されたり、発信者の都合で消滅したりすることがあるため注意が必要である。

## 2－4　情報カードの活用

　情報整理の方法のひとつに情報カードがある。1枚のカードには基本的に1つの事項（情報）のみを記入するという情報整理法である。場合によっては、1つの事項に複数の「要素」が含まれることがある。その場合は、同じカードを複数枚作成して、テーマや項目を変えればよい。また、整理したりめくったりすることを考慮し、記入する項目の場所を決めておくことが大切である。情報カードの利点は作成したカードから気になるカードを取り出して並べたり、関連のカードをグループ化したり、作成した期日にこだわって並べてみたりすることができる点である。このような作業を繰り返し、異なる視点から組み替えを試みることで、研究にさまざまな着想が得られることが多い。

　用紙の大きさや厚さはさまざまで、用途に合わせて使いやすいものを選ぶとよい。並べ替えの作業を考えると、ある程度の厚みが欲しい。一般的な情報カードとして、B6・A5・A6サイズが市販されている。B5の半分がB6、A4の半分がA5の大きさである。綴じるためのパンチ穴のあるもの、記入項

目が印刷されたものなど、いくつか種類があるので試してみるとよいだろう。

## 2-5　パソコンの活用

　研究はパソコンを駆使しながら行われる。通信（メール、ウェブサイトによる情報収集）、文章を書く（Word）、集計・グラフ化（Excel）、発表資料の作成（PowerPoint）など、多くの作業をパソコンで行う。情報の保存性・再利用や転用・共有の利便性を考えても、パソコンを利用しないわけにはいかない。

　パソコンは便利なものであるが、情報の消滅という危険が伴う。電子情報は時に、はかなく消える。卒業論文の作成中にこの不運に見舞われた学生も少なくない。これを避けるために、パソコン本体とは別に、USBメモリ等の複数の媒体に保存することを心掛けたい。しかし、USBメモリには耐用年数があり、データが読みだせなくなる事故も起きうる。

　近年では、Google DriveやOne Driveなどのオンラインストレージを利用することが増えている。オンラインストレージは、インターネット上で情報の保管や共有などを行えるサービスであり、利用する場所からインターネットに接続し、必要な情報を引き出して利用して、更新した情報を再びストレージに送って保存することができる。たいへん便利なサービスで、自宅・図書館・教室はもちろんのこと、インターネットに接続できさえすれば世界中から必要な保存情報を入手することができる。ファイルを共有して共同編集することもできるため、複数人でプロジェクトを進める際にも活用できる。しかし、これらのサービスは提供者の都合で変更や廃止されたり、サーバーやネットワークのトラブルでアクセスできなくなったりする可能性もあり、利便性とともに限界も知っておくべきである。

## 3　文献リストの作成

　文献リストは、レポートや論文を書く際に、引用したり参照したりした資料のリストである。レポートや論文を作成して提出する際に、本文の末尾に一覧として添付する。文献リストは、資料を検索している段階から、パソコン等を

用いて作成を始めよう。すでに入手しているものと、そうでないものに分けて、著者のアルファベット順、もしくは五十音順に書誌情報を整理する。

　文献が手に入ったら、奥付を確認して書誌情報の書式を整える。文献の一部をコピーして入手する場合は、奥付も忘れずにコピーしよう。奥付は、文献の一番後ろにあることが多く、著者やタイトル、出版社や出版年などが記されている。出版年がいくつも書かれている場合は、最も新しい版の第1刷が出版された年を出版年とする。改訂版や増補版などの場合もある。版が異なると内容が異なるので、複数の版が出ているものは第何版なのかを明示しなければならない。インターネットの情報の場合はURLと閲覧日を記載する。インターネット上の情報は頻繁に更新されるため、同じURLのページでも閲覧した日によって内容が異なる可能性があるからである。

　文献リストは、著者やキーワードなどで整理・ソートできると便利である。作成の媒体として一般的に用いられているのはExcelであろう。書誌情報を一つずつセルに入力して整理する。概要や引用箇所、考えたことのメモなどを入力する列を加えれば、研究ノートとしても活用できる。ただし、Excelは文字列を扱うものではないため、情報量が多くなるとデータが重くなってしまう。近年では、データベースを利用する研究者もいる。


## 4　ブック・レポートの作成

　研究の過程で参照した文献の内容を要約・考察したレポートをブック・レポートという。これも一種の資料化の作業である。ブック・レポートを作成しようと思えば、文献を複数回読むことになるだろう。例えば、1回目は、全体の概要を把握するためにざっと目を通して、著者の主張やキーワード、自分の研究にとって大切な箇所に付箋などで目印をつける。2回目は、目印の箇所を中心に精読しながら、各章の要約を作成する。ブック・レポートを作成しながら3回目を読むといった具合である。

　ブック・レポートの内容は以下の通りである。

　まず、「（1）対象となる文献」に、書誌情報（著者、タイトル、掲載誌・巻

号、発行所、発行年、頁）を正確に記す。

　つぎに、「（2）著者」に関する情報を記す。著者の研究方法を検討するうえで、また問題点を理解するうえで役立つ情報である。

　そして、その文献が何をどのように論じているのかという内容を記す。多くの文献において「はじめに」や「序」の部分で、対象とする問題、それを取り上げる目的、研究方法など、本文の叙述の前提となる事柄が述べられている。その内容を要約して「（3）文献の意図・目的」として整理する。そのうえで、「（4）文献の内容」を紹介する。文献の内容を熟読し、どのような検討のプロセスを経て、いかなる結論が導き出されたのかを把握して各章ごとに要約する。ここでは、著者の主張を正確に読み取ることが求められる。

　しかし、これだけではたんなる「文献の紹介」にとどまる。ブック・レポートではさらに、自分の研究との関わりや、自らの関心に基づいた批評をすることが求められる。ブック・レポートの主体は学生であり、自らの問題意識に根ざすものでなくてはならない。それゆえ「（5）文献の評価」には、文献の結論はもちろん、問題の立て方や議論（検討）のしかたを含めて、どこが評価に値するか、どこは賛同できない（あるいは不十分）かなどを、具体的に論じなければならない。演習授業では、その文献が自分の研究にとってどのような意味をもつのか、それによって何が明らかになり、何が未解決の問題として残っているのかについて論じることが求められるだろう。

　ブック・レポートには定まった形式があるわけではない。学科では、1冊の文献につき、2,400字程度（A4用紙横書き40字×30行）を分量の目安としている（あくまで目安である）。表紙は不要で、冒頭に「ブック・レポート」とタイトルを記し、提出年月日と学籍番号、氏名を記す。参考として、次ページに実際に学生が書いたブック・レポートを例として載せておく。

【実例】

ブック・レポート

提出日　2010年12月12日
授業名：人間生活学基礎研究Ⅱ
氏　名：学籍番号　清心　花子

（1）対象となる文献
　藤川大祐『ケータイ世界の子どもたち』講談社、2008年、224頁

（2）著者
　千葉大学教育学部准教授。文部科学省ネット安全安心全国推進会議委員などをつとめ、著書に『数学する教室』『ディベートで学校はよみがえる』などがある。

（3）当該文献の意図・目的
　著者は、子どもたちの生活がケータイによって大きく変貌していると警鐘を鳴らす。本書の目的は、子どもと携帯電話の問題について、大人からは見えづらい現状を具体的に説明し、何が必要なのか考察することである。

（4）当該文献の内容
第一章　子どもはケータイを何に使っているのか
　子どもの携帯電話の所有率が高まる昨今、ネットいじめや出会い系、わいせつ画像の流出などの問題が、大人の目の行き届かない所で起きている現状を具体的な事例をもとに説明している。

第二章　ネットいじめの実態
　　　　　　（略）

第三章　子どもの生活を支配するもの
　　　　　　（略）

第四章　有害情報をどう規制するか
　　　　　　（略）

第五章　子どもの健全育成に何が必要か
　　　　　　（略）

第六章　親、教師、社会ができること

　子どもと携帯電話の問題について、親、教師、社会に何ができるのか考察している。子どもが携帯電話を持つ場合、保護者が持たせるということであり、親の責任は重大である。購入する際は話し合いによってルールを定め、何かあるごとに家庭で話し合う機会を設けることが大切である。

　学校には、ケータイ・ポリシーを明文化し保護者と共有すること、メディアリテラシー教育に取り組むことが求められる。また、地域の大人を巻き込んだ取り組みが必要である。携帯電話の問題をきっかけに、子どもの成長に必要なことや子どもの生活環境全般を見直し、誰もが次世代育成に取り組む地域社会を目指さなければならない。

（5）当該文献の評価

　本書で著者は、子どもと携帯電話の問題について、現状と深刻さを明らかにし、何が必要であるか考察している。

　第一章、第二章は、若者のネット利用について研究を進める筆者にとって、現状と課題を整理するために大いに役立つものだった。筆者がこれまで安全であると考えていた非出会い系サイトにも多くの危険がある。子どもを守るべき大人が子どもを危険な目にあわせている実態を理解することができた。

　また、第四章では、有害情報の規則としてフィルタリング技術について触れられている。筆者は、日ごろから、なぜフィルタリングがあるにもかかわらず、ネットに関する問題がこれほど起きるのだろうと思っていた。フィルタリングの問題点を整理することができたのは大きな収穫である。

　著者は、子どもの携帯問題に関して、親、学校、社会の立場で、どのような取り組みができるのか考察している。第五章、第六章を中心に述べられている筆者の意見には、賛同できる部分が多かった。特に、携帯の問題にとどめるのではなく、携帯の問題をきっかけに、子どもの生活環境全体について、社会が一丸となって考えていかなければならないという主張は説得力がある。親子の間で、学校で、地域社会で、十分なコミュニケーションが図られ、子どもが安心できる居場所があることが重要である。

　著者は最後に、関係企業が次世代を健全に育てることを本気で考えたら、社会はずっと良くなると指摘する。確かに理想的であろう。しかし、問題は具体的に取り組まなければ解決しない。個々の家庭や企業の自主性に期待するだけでは、具体的な取り組みに繋がらないと疑問が残った。具体的にどうすれば良いのか、どのような取り組みが必要なのか考察することを今後の研究課題としたい。

## おわりに

　さまざまな情報を駆使しながら、研究は進められる。効果的に情報を利用するためには、情報が整理されていることが必要である。まずは、授業等を通じて、情報を整理する思考力を身につけてもらいたい。

　世の中のさまざまな事象についての知識は、はじめから知識として転がっているわけではない。ある情報が注目され、取り出されることで、はじめて知識が得られ、知恵が導き出されるのである。背後には、幾重にも情報の整理の作業が隠れているのである。

　集めた情報を何度も並べ替えたり選び出したりする作業は、忍耐を必要とする。慣れない作業を繰り返すため、最初は難しいと感じるかもしれない。しかし、やがてその苦痛は刺激に変わり、さらには喜びになるだろう。それは、ただ研究課題という狭い目標の達成の快楽に終わるものではない。そこに現れるのはむしろ、研究によって開かれる新しい世界との出会いの喜びであるはずだ。小さな情報の中にこそ、そんな出会いの始まりが隠されていると考えて、大切に扱いたいものである。

# 第6章
# 読解
## ～クリティカル・リーディングを学ぶ

## はじめに

　大学においては、与えられた教科書を読むだけでなく、講義に関連する必読書や参考書、演習授業での発表、さらには卒業論文の作成に至るまで、つねに「文献」を探し、読むことが求められる。もちろん高校までの学びにおいても、読書感想文をはじめとして、長文の読解や、それに基づく小論文の作成といった仕方で、「文章」を読み解く訓練は行ってきただろう。ただしそこで選ばれていた書籍や文章は、小説やエッセー、あるいはわかりやすく書かれた入門書などが多かったはずである。難解な論説・評論などであっても、学習者の年齢や学習レベルに合わせて選ばれ、切り取られた一部分が課題や設問として用いられるのが常である。

　これに対して、大学の学びにおいて読み解くことが求められる「文献」は、高度に専門的な内容を含んだ難解な文章である場合も多い。また当然のことながら、研究や学習において意義のある重要な部分を探りあて、選び出す作業は、自分自身で行わなくてはならないのである。したがって、ただ漫然と目を通すだけではなく、論理的な思考を働かせながらテキストを分析し、適切な解釈・評価を加えていく「読解力」が大変重要となる。

　本章では、文献を読むとはどのようなことなのかについて述べたうえで、実際に文献を読み解き、学習や研究に役立てるための方法としての「批判的読解」（クリティカル・リーディング）について説明し、具体的な実践の手順や注意点などを解説する。

## 1　読むことと考えること

### 1−1　文献を読むということ

　人類の歴史において「学問研究」の営みが始まったのがいつのことなのかを、正確に知ることは難しいかもしれない。しかし、幸いにも私たちは、数千年の隔たりを超えて、その最も古い痕跡にまで遡ることを許されている。というのも、学問の営みは「ことば」を通じて思考を組み立て、またその成果が「ことば」で記録され、共有されることによって成立してきたからである。すなわち、学問の痕跡は「ことば」によって書き記された「文献」によって、後世の私たちに伝えられているのだ。例えば「万物の根源は水である」と説き、史上最古の哲学者と目される古代ギリシアの自然哲学者タレス（前624頃〜前546頃）は、本人の著作こそ残っていないものの、古代のさまざまな文献からその思索と活動が知られている。

　またタレスの弟子とされるアナクシマンドロス（前610頃〜前546頃）については、その著作の断片が残されており、万物の根源を「無限定なもの（ト・アペイロン）」であると論じて、師タレスの問いをより抽象的に追究したことが分かっている。このような人々の思索の痕跡は、やがてプラトン（前427〜前347）やアリストテレス（前384〜前322）らの体系的、理論的な著作へと結びつき、二千年以上の時を越え、現代にまで続くさまざまな学問研究の土台を形作っている。

　私たちは「書物を読む」という営みを通じて、このような先人たちの残した「ことば」に出会い、その思索に触れることができる。書物の中には、それを書き記した人物の生きた「世界」が凝縮されている。私たちはそれを読むことを通じて、時に自分の人生経験からだけでは得られないさまざまな感情や感覚、問いや懐疑を呼び起こされる。そしてそこから自らの人生に思いをめぐらせ、周囲の世界を見つめ直す新たな眼差しを発見することができるのである。このとき私たちは、読書を通じて何かを「考え」はじめている。読むことは、考えるための絶好の入り口なのである。

　もちろん、本を読む目的はさまざまである。わからない単語に出会ってその

意味を辞典などで調べる場合もあれば、試験を前にして参考書で単語を暗記する、といった場合もあるだろう。仕事のための情報収集、暇つぶしなどなど。これらの場合に共通する目的としては「知識を増やす」ということが挙げられるかもしれない。

　知識を獲得することは、もちろん学問研究を行う上では必須の前提条件である。しかし、だからといって文献に書かれていることを「丸暗記」したり「鵜呑みに」したりすることが求められているわけではない。むしろ、そこに書かれている情報にどのような意味があり、何が研究にとって必要な知識かを判断した上で、それを獲得することが重要になってくる。そうだとすれば、そこでも私たちは文献を前にして立ち止まり、その情報について「考える」ことを求められているのだといえるだろう。

　それゆえ大学において「文献を読む」ことは、どんな場合でも、読む者自身が主体的に「考える」姿勢を抜きにしては成り立たないという点を、まず理解してほしい。

## 1－2　考えるとはどういうことか

　ところで、そもそも何かを「考える」とはどういうことなのか。それはロダンの「考える人」のように頬杖をつくことだろうか。それとも頭を抱え込むことか……。これはなかなか難しい問いかもしれない。だが、今まさに、あなたは「考える」とはどのようなことかを「考え始めている」に違いない。では、それはどこで、どのように起きているのだろう。

　一つのありそうな答えは「頭で考えている」というものだ。それはおそらく間違いではない。人間の思考活動は、頭蓋骨に覆われた大脳の機能によって営まれていることを疑う人はいないだろう。しかし、見ることも触ることもできない「脳ミソ」を、私たちはどうやって動かすのだろうか。脳で考えているといっても、私たちは物理的な仕方で直接脳に働きかける方法を知らない。知ることができたとしても、それを「考えること」だとは思わないだろう。

　では、考えているとき私たちは、何に働きかけ、何を動かすのだろうか。それは「ことば」である。考えるということは、ことばを使って、何かを記述し、

分析し、推論し、判断するプロセスなのである。ロダンの「考える人」がもし本当に「考えている」のであれば、おそらくただ頬杖をついているのではなく、頭のなかに何かイメージを浮かべ、それを適切に表現する命題＝文を探しているのではないか。あるいは、その命題から論理的に導き出せる別の命題を思い描いているのではないだろうか。

　もちろん、ことばにならないイメージをさまざまに呼び起こして、それを比較したり、何かと結びつけようとしたりする過程も「思考」の一部である。おそらく複雑なことばを持たない動物の思考は、そうしたものであるだろう。だが、それをことばに結びつけて考えることで、人間はイメージを「概念」として抽象化し、それによって情報処理の効率を飛躍的に高めたのである。

　「概念」とは、簡単にいえば、さまざまなものを比較して、そこから取り出された共通の要素のようなものである。カラスとニワトリとハシビロコウは、大きさも姿かたちも生態もずいぶん違うが、それらはどれも「鳥」という概念で捉えることができる。概念を持つことによって、私たちはさまざまな知識を体系的に整理することができるが、重要なことは、それが単に「すでに知っているものを整理するため」だけの道具ではないことである。私たちは日々、知っているものの中に、初めて出会う事象、かつて経験したことのないような出来事に遭遇するだろう。そうしたときに、私たちはすでに手にしているさまざまな「概念」を持ち出して、物差しのように現実に当てがい、すでに持っている知識の中にその経験を位置付けようとする。こうした作業が「推理」という思考の営みである。

　しかし、どうやっても既存の概念には当てはまらないような事象に出会うことも、あるのではないだろうか。そのような場合には、「新しい概念を作る」必要がある。つまり、その事象に固有の特徴を発見し、それによって定義される新しいことばを提示するのである。何かを「考え出す」という創造的な営みは、人間の思考活動のハイライトとも言える、きわめてスリリングな活動である。学問研究の道を歩む者は、誰でもそのような創造的な瞬間がやってくることを夢に描き続けているに違いない。

　ただし、こうした創造的思考は、無用な概念を粗製濫造してしまうリスクと

も裏腹である。学問研究においては「オリジナリティが大切」だと言われるが、オリジナリティとは研究の「目的」ではなく、研究にあたって心がけるべき「態度」であり、その結果に与えられる評価の指標にすぎない。大切なのは、突飛な発想や新奇な語り口で耳目を集めようとすることではなく、むしろ先人たちの研究を基盤として謙虚に研究対象に向き合いながら、その中に自分の目で、まだ答えの与えられていない「問い」を探りあてようとする地道な努力であり、そのプロセスを自分なりの「ことば」で表現しようとする誠実な姿勢なのである。

　どんな独創的な研究であっても、そのほとんどは、たんなる「思いつき」や、個人的体験によって生まれるわけではない。むしろその成果は、必ず誰かから教わり身につけた物の見方や考え方を基盤にして、そこに丁寧に光を当てることで生み出されたはずなのである。つまり、学問研究における思考は「独り言」ではなく「対話」、すなわち先人たちによって形成され引き継がれてきた諸概念に向き合って、それに「応答」していく営みにほかならないのである。

　それゆえ学問研究においては、概念を作ることを思考の「目的」にしないほうがよい。むしろ、多くの概念から、より重要なものを絞り込んでいく作業を重視すべきだろう。中世イギリスの哲学者ウィリアム・オッカム（1285〜1347）は「必要なしに多数のものを措定してはならない」とする「思考における節約」（「オッカムの剃刀」と呼ばれる）の重要性を説いたといわれる。

　節約生活のコツは、ほしいものを我慢することよりも、すでに持っているものに目を向けて、それを活用することにある。思考も同様である。何かについて考えるということは、まずはすでに与えられている知識から対象を説明し、理解しようとすることから始まるのである。そしてもし、既存の概念や理論ではどうやってもそれを理解することができないことが明らかになれば、躊躇なく新しい概念を作り出せばよいのである。

## 1−3　考えるための読書　〜よき文献に出会うために

　さて、私たちが「思考」をめぐらせなくてはならないのは、文献を読み進める時だけではない。そもそも研究テーマを選び、文献を探す過程は、「考える」

こと抜きには成り立たないのである。漫然と本を選んでいては、本当に学びを深め、研究に役立つ文献に出会うことはできない。ここでは文献を選ぶにあたって心がけてほしい点について述べておくことにする。

　文献を探すときにまず大切なことは、自分がどのような文献を必要としているのかを、ある程度明確にしておくことである。あまりにも当たり前のことを述べているようだが、しばしば自分の研究課題が十分に明確になっていないために、必要な文献を探し当てることができない学生が見受けられる。

　例えば、生命倫理学についての期末レポートを書くための参考文献を探しているとする。レポートの課題は、講義で取り上げられた倫理問題のうちから一つを選んで論じる、というものである。こうした場合に、生命倫理学全般についての教科書や入門書などを参考文献に選ぶことは、適切ではない。もちろんそれは議論の前提となる知識を得るためには良いし、講義全体の内容の理解を深めるためには役に立つであろう。しかし、課題である具体的な倫理問題について論じるには、扱っている内容が広すぎるし、特定の問題についての記述は限定されてしまうので、テーマを深めるには不十分なのである。こうした場合には、まず課題となっている具体的問題として何を選ぶかを、講義内容を振り返ってピックアップしておく。そしてその具体的トピック（例えば「人工妊娠中絶」とか「代理出産」など）について中心的に取り扱った、専門的文献を探せばよい。そうしたテーマの絞り込みができないまま図書館で途方に暮れ、無難な概説書に手を伸ばしてしまえば、レポートの内容も必然的に浅いものに終わってしまう可能性が高い。すでに手元にある（はずの）講義ノートという材料をまず活用して「考える」ことを怠らなければ、よい文献に出会う可能性も高まるのである。

　上で述べたような文献の形式の違い、つまりそれが「教科書」「入門書」なのか、「専門書」「研究書」なのか、といった情報を把握することは、どんな場合においても心がけたいポイントであるが、当然のことながらその書物の内容についても、的確に見極めなくてはならない。例えば入門的な概説書を探している場合に、コンビニや駅の売店で売られているような質の低い雑学書に手を出すことはお勧めできない。また、図書館などで本を探すと、数十年前に出版

された書籍に出会うことがある。もちろん「古典」と呼ばれるような名著であれば全く問題はないのだが、特定の社会問題についての最新事情を紹介するような解説書であれば、その内容は現在には通用しないものである可能性が高い。もちろん、研究テーマによっては、そうした「賞味期限切れ」の文献であっても、時代のトレンドや価値観の変遷を知るために貴重な文献となるかもしれないが、通常であれば、なるべく新しい文献を選んで読み、その本が依拠している古典的な研究や基本文献などが分かれば、そうしたものへと遡って読み進めていくのがよいだろう。

　このように、文献を選ぶ際には、自分が研究しようとしているテーマだけでなく、どのような目的で用いる文献を探しているのかを、きちんと意識しておかなくてはならないのである。初学者にとって、文献の価値を見極めることは簡単ではないかもしれない。しかし、以下の項目について確認することによって、その判断に必要な情報がある程度得られるので、ぜひ参考にしてほしい。

① **いつ書かれたかを知る**

　書籍がいつ書かれたかについて知るためには書籍の「奥付」と呼ばれる部分を見ればよい。日本語の書籍では、いちばん最後のページに置かれ、本のタイトルの後に、その本の初版が出版された年月日が必ず記されている。基本的にはそこに書いてある日付によって、その書物がいつ書かれたかを知ることができる。しかし場合によっては、過去に出版された著作をまったく新たな版で出版していることもあるだろう。かつて単行本で出ていたものが文庫本になったような場合を考えるとよい。こうした本の場合は、奥付の前のページに、いわゆる「初出」がいつ、どの出版社によるものだったかを記載している場合が多い。また、著者等の記した前書きや後書きには、たいてい日付が付されているので、参考になるだろう。

② **どんな人が書いたかを知る**

　書物の内容は、それを実際に読んでみなければ判断できないものであるが、その書物の著者がどのような人物であるのかを知ることができれば、ある程度その内容の追究度などについての先行了解は得ることができる。したがって、本を探すときにはその著者の経歴を見ておくことが肝要である。多くの場合は、

奥付のページに「著者略歴」といった記載があるが、奥付の手前の別のページに記載されている場合もあるし、表紙カバーの返しの部分や、裏表紙などに印刷されている場合もある。ただ、まったく情報が載っていない場合もあり、古くなっている場合も多いので、これはインターネットで検索しておくと、ある程度補うことができるだろう。

　経歴を確認する際には、その人が当該文献を執筆するのにふさわしい人物であるかどうかを考えることが必要だ。それを判断する材料は、専門分野や著作についての記述である。専門分野を見ることで、その著作がどのような角度から問題を論じているかをある程度判断することもできる。心理学者と社会学者、経済学者では、同じテーマであっても扱い方や主張の内容はかなり異なることが予想される。さらに、その人が研究者であるか、それとも作家やジャーナリストであるかによって、書物の性格も変わってくる場合がある。芸能人などの著名人の名前が記された本もあるが、場合によっては編集者やライターがかなり手を加えている場合もあると考えられる。そして、こうした著者の経歴が全く見当たらない本があれば、当然ながらその本の信頼性もかなり低いものとなるだろう。

### ③　どんな目的で書かれたかを知る

　書物には、それぞれに固有の目的があり、対象となる読者と、その用いられ方が想定されている。書店に並んでいる書籍のほとんどは「一般書」すなわち一般の読者の興味関心に応えるために書かれている。その中には文芸作品や娯楽書もあれば解説書もあるが、学問研究の内容を一般に紹介するための入門書・教養書の類も含まれている。これに対して「専門書」は、特定の専門家が自らの研究内容を専門家に向けて発表したものである。また、それぞれの専門分野において開かれている学会や研究機関が発行する「研究雑誌」「研究紀要」のような刊行物もあり、研究者による学術論文などが収録されている。さらには、事典や辞書など、文章を読み解いていくために必要な情報や知識を得るための参考図書（レファレンス資料）も存在する。

　ある書物が、実際にどのような目的を持って、どんな読者に向けて書かれたかは、その本が図書館や書店のどんな位置に配架されているか、あるいはその

タイトルや装丁などからも知ることができるが、やはり実際に手に取ってその本のページを開いてみることが大事だろう。具体的には、前書きや後書きを確認するとよい。たいていの本はその中で、その本の目的や問題意識について述べている。

　さらに、書物の目的は本の体裁（判型）によっても、ある程度判断することができるが、近年は文庫本でもかなり専門性の高い書物が出版されている一方で、新書本の内容は平均的にはかつてよりも希薄になり、手軽に消費されることを前提に企画されているような感じを受ける。どのような体裁であっても、たとえば註や文献リストが整っていれば、内容もある程度しっかりしたものであるだろうと判断することができるので、やはりそうした部分の確認のためにも、できるだけ手に取ってページを開いてみることが重要なのである。

④　研究論文を扱う場合の注意

　研究で扱う文献には「書籍」だけではなく「雑誌論文」「紀要論文」などのかたちで公表されている学術論文が含まれる。大学院などでより専門的な研究をする場合には、こうした論文のなかに「先行研究」（自分が研究しようとしているテーマを取り扱っている既存の研究）が存在しているかどうか、またそのうちにすでに自分の主張と同じことが論じられていないか、といったことを見極めておく必要がある。だが、学部生の卒業論文研究においては、まだそこまでの研究レベルに到達していないことがほとんどであるため、研究にあたってはまずテーマの基盤となる知識を外観する入門書から入り、次により内容の絞られた専門書へと進んで、自分の問題意識や論述の方向性を見定めた上で、必要に応じて専門的な研究論文の主張を参考にするようにしてほしい。

　近年は論文検索サイトを通じて、簡単に論文をネットから入手できるようになっているが、それゆえに段階を踏んで知識を獲得し、考察を深めることをせずに、専門的な学術論文だけを参照して論文をまとめようとする学生も見受けられる。こうした研究姿勢は、釣り竿や網を持たずに海に行き、人の釣り上げた魚を貰ってクーラーボックスに入れるようなもので、決して勧められるものではない。

⑤　**レファレンス資料の活用**

　文献を読み進めていくために、ぜひ活用していただきたいのが事典・辞書などの「レファレンス資料」である。いくら血眼になって文章を見つめても、その言葉の意味が分からなければ、文章を読み解くことはできない。難解な表現やみたことのない漢字などがあれば、国語辞典などでその意味や読み方などを確認することは、最低限行ってほしい。さらに、専門用語などについては、国語辞典などでは不十分な場合が多いので、百科事典などのより詳細な記述や、特定の分野について編纂された専門的な事典を活用するとよいだろう。中途半端な入門書や概説書を読むよりも、こうした事典類をつぶさに調べるほうが勉強になることも多いのである。

　以上、文献を探す際に留意しておきたい点について述べたが、考えすぎて結局何にも手を出さずに時が過ぎる、ということになっては困るので、どんな文献を読むべきか悩んでしまったときは、担当の教員に遠慮なく尋ねるのがよいだろう。また、自分が「面白そうだ」「読んでみたい」と思った場合は、その直観にも必ず意味があるので、結果として使えなかったとしても、読んでみることをお勧めする。その上で、その本が文献としてどの程度役に立つのかを見極めていただきたい。

## 2　批判的読解（クリティカル・リーディング）の方法

### 2−1　批判的読解とは何か

　ここからは、実際に文献を読み解いていくための方法を紹介したい。研究に用いる文献は、漫然と眺めていれば頭に入ってしまうような読みやすいものではない場合がほとんどである。そのため、読み手はまずその文章を的確に分析し、主張を整理した上でその内容を評価しなくてはならない。このように文章を精密に読み解いていく方法として、近年ひろく紹介されているのが「批判的読解（クリティカル・リーディング）」である。

　「批判」というと、一般的には対象を否定的に捉えて論難し追及するといっ

た意味合いで使われることが多いが、ここでの「批判 critic」とは、あくまで
その文章が表現している内容を、著者の権威や読者の思い込みなどにとらわれ
ず客観的に認識したうえで、その主張の妥当性を慎重に吟味する態度を指して
いる。こうした態度に基づいて考えることを「批判的思考（クリティカル・シ
ンキング)」と呼ぶこともある。

　前節で述べたように、文献を読むことは「考えること」を必要とする。批判
的読解は、文献の著者が述べようとしている主張を客観的に把握するために、
その思考の論理的な筋道をたどり、明らかにするための合理的な方法である。
もちろん、文学作品や手紙などの資料を読む場合には、そこに明確な主張や論
理構造を見出す必要のないこともある。しかし、学問研究の営みの屋台骨とも
いえる研究書や学術論文のみならず、公的機関の文書や報道機関の論説記事な
ど、研究にかかわる多くの文書は、何らかの根拠に基づいて特定の主張を伝達
しようとするものであるため、それを読み解く方法も、まずはその主張や論旨
展開を明確に捉えようとするのが、理にかなっているといえるだろう。

　批判的読解を行うにあたって、まず基本となるのは文章（テキスト）を丁寧
に読むこと、すなわち一つひとつの文を読み飛ばさずに正確に読むことである。
文を構成するさまざまな単語の中には、難解な専門用語、日本語以外の諸言語
から採られた単語など、読み手にとって未知の表現が含まれていることもある。
そうした部分も含め、意味のわからない表現があれば、必ず辞書などで調べな
ければならない。

　しかし、全ての単語の意味が把握できたとしても、文の意味がすぐに理解で
きない場合もある。文法的には意味を捉えられても、文章全体としての論理構
造が見えなければ、著者がなにを言いたいのかがはっきりしないことがある。
これを明確にすることが、批判的読解において最も重要なポイントである。そ
のためにはいくつかの視点と方法を組み合わせて、冷静にテキストを分析しな
くてはならない。

## 2－2　論理構造を捉える

　文章（テキスト）は、複数の文が束となってできあがっている。それぞれの

文は基本的には単独でそれぞれの意味内容を負っているが、それらはバラバラではなく、前後の文との密接な繋がり、すなわち脈絡を持っている。こうした前後関係があることで、それぞれの文が役割分担をしながら、書き手が伝えたい意味内容をより詳細に、説得力を持って表現することができるのである。文章を理解しようとするときに、こうした文どうしの前後のつながりに注目すると、必然的にその文章の論理構造が見えてくる。

　ふつう文章はある程度の意味的なまとまりによって「段落」を形作っている。段落替えが行われているところは、たいてい何らかの「意味の区切れ目」があることを示しているのである。そこで、テキストを読む場合には、一つの段落におおむね一つの主張（伝えたいポイント）が含まれていると考えるとよい。むろん例外もあるが、まずは段落の中でもっとも重要だと思われる文を一つ選んでみるのである。このような文は「キー・センテンス」「トピック・センテンス」などと呼ばれる。

　キー・センテンスを探すときは、まず重要と思われる語（キーワード）を探すとよいとされている。キー・センテンスには必ずといっていいほどキーワードが含まれているからである。もちろん、キーワードと思われる語が複数あり、分散していたとしても、それらの間の関係性を意識することが文章全体の構造の把握に役に立つので、あまり気にせずに、それらの語をチェックしておこう。

　キー・センテンスは、一般には段落の冒頭に置かれることが多い。これは冒頭に自分の述べたい主張を明確に提示してから、その根拠や具体例を示していく論証方法による。これに対して、段落の末尾にキー・センテンスが現れる場合もある。これは冒頭に問題提起を行い、仮説や事例などを踏まえて、最後に主張を述べるスタイルである。また、主張が冒頭に置かれる場合でも、論証を経て末尾に再度主張が確認される場合もある。ちなみに、これらは一概にどちらが優れているといえるものでもないが、自らの主張を正確かつ簡潔に伝えたい文章では、冒頭にそれを述べる方が伝わりやすいだろう。学術論文やレポートなどを書くときには、こちらのスタイルの方が明快な印象を与えるし、書き手の側も思考を整理しやすい。他方で読み手にじっくりと考えさせながら、難しい問題を解きほぐして論じる必要がある場合などには、主張を最後に述べる

やり方が効果的かもしれない。

　さて、すでにお気づきかもしれないが、こうした論証の展開は小さな段落の中だけではなく、複数の段落がまとまった「節」やそのまとまりである「章」、さらには書物全体を構成している「論理構造」でもある。これに着目すると、文献の内容をすっきりと見渡すことができるようになる。そのためには、まずは一つひとつの段落の内容を、キー・センテンスに注目しながら一文にまとめ、それらを集めて「節」や「章」ごとの要約を作ってみるとよい。ただし、それらをただ並べても要約にはならないので、それらの文の前後関係を、適切な接続語（接続詞/つなぎことば）で繋ぐ必要がある。

　このとき、上述のような「論証の構造」がそれらのあいだに隠されていることを思い出してほしい。一番重要な主張がどれかを再度確認した上で、それぞれの文の役割が、根拠や理由の説明なのか、事例の提示なのか、新たな問題提起なのか、といったことを見極める。そしてそれを示すことのできる接続語を文の冒頭に入れて文を繋いでいくと、要約ができあがる。

　要約をうまく作成することができれば、ひとまずはテキストの論理展開の分析に基づいて、その主張を見渡すことができるようになるだろう。しかしそれだけで、その主張を十分に理解することができるようになるかといえば、そうではないことが多い。つまり、テキストに「書かれていること」だけをまとめても、そこに「書かれていないこと」すなわちテキストの「背景」を知らなければ、その意義を誤解したり、掴み損ねたりしてしまう可能性が高いのである。次節においてはこうした視点から、テキストの適切な解釈のために必要な心構えについて述べることにする。

## 2－3　文脈（コンテキスト）を読み取る

　ある文に出会って、言葉としての意味はわかるが、文としては今ひとつ何を言いたいのかわからない、と感じることはないだろうか。私たちの生活の中に溢れている広告のキャッチコピーやネットニュースの見出しなどの短文、あるいは政治家や官僚の答弁などには、しばしそうした「言語明瞭、意味不明瞭」なものが散見される。

　なぜこうしたことが起こるのかといえば、それらの文には、字義通りの意味だけではなく、その背景としての「文脈」が隠れているからである。メッセージの送り手は、効率的、効果的に他者にメッセージを送るために、その他者とのあいだに共有されていると思われる知識や価値観を推量し、相手がすでに了解しているはずの情報については、あえて説明せずに省略する傾向にある。広告媒体などでは、人々の想像力を刺激するために、あえてわかりにくい表現を使うこともあるだろうし、政治家の答弁が曖昧なのは、失政や汚職などの責任追及から逃れるための方便であったりする。また、ネットニュースの見出しがわかりにくいのは、15文字程度の枠の中に情報を収め、かつ読者の関心をひきつけるために、場合によっては文法さえ無視される場合があるからだろう。

　いずれにせよ、私たちがある文章を読むときに行っているのは、ただそこにある文章の意味を理解することだけではなく、その文の「背景」にあるさまざまな事象・周囲状況についての知識と、その文を結びつけ、事象の連関のうちにその文章を位置付ける、という営みなのである。このような、文章（テキスト）の背景に隠されている連関のことを「コンテキスト」（文脈と訳される）と呼ぶ。

　コンテキストには、一つの文献の中での文と文の前後の脈絡という意味もあれば、その文献以外の別のテキストとの影響関係という意味もある。さらには、そのテキストの書かれた社会的、歴史的背景や、テキストの著者自身の個人的な背景などのさまざまな状況をも意味する。これらは網の目のようにさまざまなことがらにつながっていて、厳密にいえば無限の広がりを持っているために、あるテキストを理解する場合に、どの程度のコンテキストを把握しておく必要があるのかがわからなくなってしまう場合がある。その把握のための明瞭な基準があるわけではないが、実際にその文章を読み進めながら生じた疑問や、不明瞭と思われる点があれば、まさにそこに「文脈」を読みとく入り口があるのだと考えてほしい。そして、以下に挙げるようないくつかのポイントを押さえながらテキストを読み進め、何らか納得できるような一定の理解に到達できれば、まずはそれでよいと考えよう。

## ① 文献の全体像を把握する

　自分が今取り扱っているテキスト（文章）が、全体としてのどのようなまとまりを持ち、その全体が何を伝え、表現しようとしているのかを確認しよう。そのテキストが書籍や論文であれば、かならず「タイトル」（表題あるいは題目）が掲げられているだろうし、多くの場合にそれを補足する「サブタイトル」（副題）が付されているものである。たいていは、タイトルとサブタイトルを見れば、その文献が何を主題として取り扱い、どのように論じようとしているのかを把握することができるようになっている。また、書籍等の文献に掲載されている「目次」を見れば、その論述の流れを通じて文献のおおまかな内容をつかむことができるだろう。

　しかし、タイトルや目次だけではその文献の狙いや方法論が今ひとつ理解できない場合もあるだろう。その場合は「前書き」や「序論」などの部分を参照すると、より詳細にそのテキストの狙いや構成、方法論などが記されているはずである。また、近年の学術論文には「要約（アブストラクト）」や「キーワード」を掲げることが標準的になっているので、そうしたものがあれば確認しておこう。

## ② 専門領域を把握する

　学部の学生レベルで、何らかのテーマを選んで研究を進めている場合にしばし問題となるのが、そのテーマを考察するための専門的な知識の不足である。学科レベルでの専門教育のカリキュラムが緻密に構成されていて、すでに十分な専門知識を備えている場合ならば、ある程度の学問的な「コンテキスト」が共有されていると考えてよいのだが、同じ学問領域でも、方法論や取り扱う研究対象の違いによって、理論の枠組みやそれを構成する専門用語（テクニカル・ターム）が全く異なる場合がある。また、研究対象が同じでも全く違う学問領域からのアプローチが存在するために、興味を抱いて手に取った文献が、全く未知の専門用語で溢れている、といった場合もありうるのである。

　そこで、文献を読み進める前に、今一度その文献がどのような学問領域に属し、何を研究対象とし、どのような方法論を用いて進められたものであるのかを確認することが大切である。それを把握するためには、著者の経歴を確認す

ることも重要だが、テキストに目を通しながら、重要と思われるキーワードを
チェックし、これを専門的な事典などのレファレンス資料で調べておくと、用
語の背景にある理論、方法論について知ることができる。本文や註、参考文献
リストなどに繰り返し登場する人名や書名なども、文献のコンテキストを理解
するための重要な情報である。

### ③　資料を遡る

　一つの文献の背景には、その研究に影響を与えたさまざまな思想や理論、文
献や資料の存在が隠されている。学術研究においては、実際に使用された参考
文献は註や文献リストに挙げることになっているので、読者はそこにある資料
を実際に読んで、論述の内容や影響関係について検証することができる。

　このように、一つの文献の背景にある文献資料に遡る、という作業は、その
文献を解釈し評価するうえで大変重要なものである。これは文献のコンテキス
トをより深く知るだけでなく、本当にその著者の主張が正しいのかを、批判的
に考察することを可能にしてくれるものである。場合によってはその著者が
誤って文献を引用していたり、極端な解釈を加えて紹介していたりすることも
あるだろう。

　こうしたことに目を向けるために、できるだけオリジナルな資料へと遡って、
研究に用いられている情報が歪曲されていないかを検証することが必要であ
る。ただし、そうした著者の解釈が偏っているがゆえに、すぐにその文献の主
張が間違いであるとか、無価値であると決めつけることはできない。読み手は
あくまでもそれを一つの判断材料とし、テキストが全体として主張しようとし
ていることが、どの程度正当な根拠を持ち、適切に論証されているかを見定め
て、冷静にその文献を評価すべきだろう。

## おわりに

　ここまで述べてきたクリティカル・リーディングの方法は、あくまで学術研
究においてテキストに向き合うための、一つの合理的方法論に過ぎない。そも
そもテキストの読み方は多様であってよい。小説であれば、その世界観に身を

委ね、呑み込まれることなしに感動は得られないだろう。学術的な著作においても、単純には整理できないような癖のある論理展開にこそ、「古典」として読み継がれる思索のオリジナリティが隠されているといえるかもしれない。いずれにしても、テキストを読むことは人と出会うことと同様に、まずは直接向き合ってみることからしか始まらない。マニュアルばかりを意識していると、そのテキストに含まれる固有の魅力を捉えそこねてしまうこともある。大事なことは、とにかく「読み始めること」だ。

　そのためには、初めのごく一部分でもよいので、文章を声に出して読んでみること（音読）をお勧めしたい。声に出すことで、文章のリズムやテンションから著者の思考の息遣い、手触りが伝わってくるだろう。難しい漢語や横文字が頻出する場合は、それを音読するために辞書を手に取る必要が出てくるだろう。テキストの意味が十分にわからなくても、声に出して読むことで、心身を通じたテキストとの「対話」が始まっていく。すべてでなくとも、重要だと感じた部分や、意味が取りにくいと感じた部分については、繰り返し音読してみるとよい。

　「読書百遍、義おのずから見（あらわ）る」（『三国志』）といわれるが、これはただ繰り返し読めば分かるという意味ではなく、自分自身で努力し、丁寧に熟読することの大切さを説いた教えである。学問研究の醍醐味は、最短距離で唯一の正解にたどりつくことではなく、時間をかけて書物と対話し、多様な理解の可能性に出会えるところにある、と心得よう。

**参考文献**
佐藤望（編著）『アカデミック・スキルズ 第3版』慶應義塾大学出版会、2020年
陳寿/裴松之（注）『正史 三国志2魏書Ⅱ』井波律子・今鷹真訳、ちくま学芸文庫、1993年
野矢茂樹　『新版・論理トレーニング』産業図書、2006年
廣川洋一　『ソクラテス以前の哲学者』講談社学術文庫、1997年
ラッセル,B『私の哲学の発展』野田又夫訳、みすず書房、1997年

# 第7章
# レポートの書き方

## はじめに

　大学では通常の授業だけでなく演習科目やゼミにおいてレポートを提出する機会が多くある。大学で求められるこれらのレポートは、自分の気持ちや感想を述べる作文や感想文とは異なり、調べた内容、自分の考え、研究成果を論理的かつ適切な表現で記述しなくてはならない。学術的な文章を書く作法や技術をアカデミック・ライティングというが、大学で課せられるレポートや論文もアカデミック・ライティングに則った作法やルールが求められる。

　そこで本章では、大学で書くレポートとは何か、その基本的理解をすすめる。また、レポート作成に向けて、その手順やレポートにふさわしい文体・形式・文章表現と最低限の守るべきルールを解説する。

## 1　レポートとは

### 1-1　文書の種類

　私たちの身の回りには、小説、随筆、詩、日記、手紙、評論、記事、報告書など多種多様な種類の文書が存在する。これらの文章・文書を介して私たちは相互に感情、考え、主張、思想の伝達をおこなう。

　ところで、文章の種類には大きく分けて「味の文章」と「論理の文章」の2種類がある（古郡, 2006, p.12）。「味の文章」は、読み手に共感や感動を与えるという情緒的な側面を重視する。読み手は、書かれた内容からさまざまな意味を読み取り、自由に解釈し、感動を覚えたり、共感したりする。小説・随筆・

詩歌が代表である。

　一方、「論理の文章」とは、読み手に知識や情報を与えたり、読み手とそれらを共有したりする文章を指し、記録文・解説書・ビジネス文書（企画書・計画書・プレゼン資料）・報告書・レポート・論文・評論・論説がそれにあたる。

　これらの文章・文書にはそれぞれの目的と形式があり、それに適した内容で記述される。大学で書くレポートや論文はいうまでなく、後者の論理の文章に該当し、説得的で他者に明確に伝わる内容でなくてはならない。

　そして、文章を説得的な内容とするためには、「書く」に至るまでの準備が重要である。これまでの章で学んだ、テーマ・問題の設定（第１章）、情報の収集と整理（第３章、第５章）、情報や文献の読解（第６章）といったアカデミック・スキルズを結集した実践となるのがレポート作成だといえよう。

## １－２　レポートの種類

　一般的にレポートとは研究・調査などの報告書を意味する。そして、レポートには「説明型」「報告型」「実証型」「論証型」という４つの型がある（井下, 2019, p.40）。

　「説明型」…内容を理解したかどうか、その学習成果の説明を求めるもの。

　「報告型」…実習での成果を報告するもの。実習報告などがあり、様式が決まっている場合もある。

　「実証型」…与えられたテーマについて実験や調査を行い、その結果に基づき実証するもの。

　「論証型」…与えられたテーマに基づき論証するもの。テーマを絞り込み、資料を調べ、根拠に基づき、自分の主張や考察を論理的に組み立てる。

　大学ではこれら４種類のレポートを書く機会がある。例えば、授業内で理解度を試される小レポートを書いたり（「説明型」）、実習・実践を報告書としてまとめたり（「報告型」）する場合がある。また、期末課題レポートや卒業論文として、特定の専門領域の研究テーマに基づく実験や調査を行ったり（「実証型」）、先行研究の批判的読解から自身の主張や考察を論理的に組み立て記述し

たり（「論証型」）する場合がある。

　このように、大学で取り組むレポートには決まった型があるものの、いずれも自分の力で情報や考えを整理し、検討した内容として、他者にわかりやすく説得的に記述する必要がある。


## 2　レポート作成のプロセス

　レポート作成に取り組むにあたって正しい手順がある。レポートはいきなり書き始めるのではなく、適切な手順とプロセスに沿って取り組む必要がある。レポートを書くプロセスは5つのステップから成るが、ここでは全体の流れを把握するために、図7‐1を参照しながら各ステップとそこで取り組むべき内容を概観する。

　レポートのテーマ・課題が与えられたとき、まずは指定された締め切り期日・提出方法・書式を把握しよう。次に、テーマ・課題の難易度を想定し、自分の予定も考慮しながら完成までのスケジュールを立てる。当初立てた楽観的なスケジュールどおりには進まないことが多いため、期限までに余裕のあるスケジュールを組むよう留意する。

　ステップ1「テーマを決める」では、与えられたテーマについて考えを整理する。ステップ2の「調べる」作業と往復しながら、知識や情報を集めると同時に、整理しながら徐々に話題や論点を絞っていく。

　ステップ2「調べる」では、話題や論点に沿った資料や文献を集め、必要な情報の収集と整理を行う。随時、調べた内容や考えをメモやノートに記したり、Microsoft Wordに入力したりなど、あとで確認できるよう必ず保存しておく。

　ステップ3「組み立てる」では、レポートの土台を成す「問い」と「答え」を含む主題文を作成し、全体の構成を整えるアウトラインを考える。また、話題や論点となるキーワードを選定し、仮のタイトルや段落ごとの見出し・タイトルを検討する。

　ステップ4「執筆する」では、パソコン上でMicrosoft Wordを活用し、集めた材料を再構成する形で書く作業に取り組む。

　ステップ5「点検する」では、過不足なく情報や説明が記述されているか、論理展開に飛躍はないか、文法的なミスや誤字脱字はないかなど丁寧に点検する。

　重要なのは、レポートを書く手順は、全体を通じて一直線に進めていくのではないということだ。ステップ1〜3では「調べる」「読む」「考える」「書く」という一連の作業を往復しながら進める必要がある。それぞれのステップでの作業を繰り返すことで、レポートの中心的な要素を成す「問い」「答え」「理由」の関係や結びつきが明確となる。これらの中心的要素が互いにより強く結びつくよう、時間をかけて内容のブラッシュアップを心がけたい。

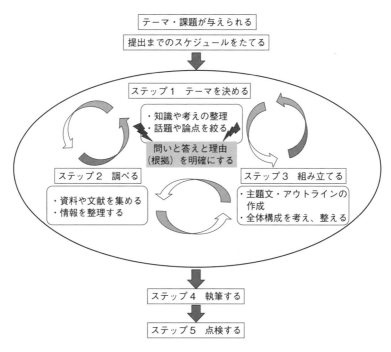

図7-1　レポート作成の手順と流れ

## 2－1　ステップ1：テーマを決める

　レポートのテーマは漠然としたものから、書くべき内容が指定されるものまでさまざまな形で提示される。例えば、特定のテーマで、書くべき項目まで決められているレポートがある一方で、第1章でも学んだとおり、自身でテーマを設定し、話題を絞り、論点や問いを提示しなくてはならない場合もある。

　しかし、いかなるレポートのテーマや課題でも共通するのは、何を話題（主題）とするのか、何を問う（論点）のかを定め、その問いに対して、自分はどのように答える（主張）のか、がその中心的な内容であるという点だ。

　そこで、テーマや課題が与えられたとき、そのテーマに関する自身の経験や知識、すなわち主観的な経験や情報に基づいた考えの整理から始めよう。次に、第3章で学んだ、収集し整理した情報と、第5章で学んだ、文献の読解を通じて得た知見、すなわち客観的な情報も加えながら、テーマに関する知識を増やし、理解や考えを深めていく。これらの作業を通じて、自身の問題意識が明確になると同時に、テーマにふさわしい話題や論点の絞り込みができる。

　「テーマを決める」作業で重要なのは、先にも述べたとおり、ステップ2の「調べる」、3の「組み立てる」作業の往復から、どこに話題を定めるか、自分がもっとも言いたいことは何か、という焦点化を強く意識することである。そうすることで、レポートのタイトルや内容の核となるキーワード・概念も選別され、浮かび上がってくる。

## 2－2　ステップ2：調べる

　テーマによっては自分の手持ちの知識や情報で足りるかもしれないが、それでもさまざまな知識や情報を得ることは重要だ。なぜなら、主観的経験に基づく情報や考えのみを根拠とすると、自身の主張を支える事実として客観性が保てず、論拠として不十分だからである。とくにアカデミック・ライティングでは、主張を支える根拠や事実として挙げた内容が、最新の調査結果や先行研究を参照しているかどうか、また体系的な知見を踏まえた内容であるかが重視される。

　一方、テーマに関する知識がほとんどない場合は、アウトプットのためのイ

ンプットが必要なのはいうまでもない。その場合、テーマに関する知識や情報を得ることを優先し、文献・資料を集め、考える手がかりを見つけよう。

　ただし、レポートを書くにあたって情報収集で留意すべき点が3つある。

　1つ目は、「広く調べると同時に論点の絞り込みを繰り返すこと」である。テーマに関する広く知識を得ながらも、自分の興味関心にひっかかる情報や疑問、問題点をメモにとっておく。その中から「これだ」と思える話題や論点を見出せるよう作業を進める。

　2つ目は、「見通しと見切りをつけること」である。調べるうちに、興味深い情報に触れ、テーマや話題の変更が生じる場合がある。ただし、字数や時間にも制限がある。次のステップへの見通しを立てながら、調べる作業にも見切りをつけなくてはならない。また、苦労して集めた情報だからといって無理やり内容として盛り込むのもやめよう。余分な情報を入れたため、かえって主張や根拠を弱めることもある。不必要な情報は潔く手放すのが得策である。

　最後に、「調べた情報を評価し、信頼性のあるものを選択すること」である。インターネット上には玉石混交の情報が溢れている。信頼性の乏しい、不確かな情報を根拠とすれば、レポート全体の信頼を損なうことになりかねない。情報を適切に評価し、判断した上で取り入れる必要がある。

　この一連の「調べる」プロセスでは、第三者の立場や視点、俯瞰的な視点の参照が重要である。例えば、時間軸（過去、現在、未来）や空間軸（特定のコミュニティ、地域、日本、世界など）から捉えるなど視点を狭めたり、広げたりすることで、情報の広さだけでなく、奥行きも考慮し、独りよがりの偏った情報や主張とならないよう留意する。

　苦労して調べた内容も結局採用しないままで終わる場合も多い。しかし、よく調べられ、考えられたプロセスは、レポートの文面には表れなくても、読み手にも伝わるものだ。また、時間をかけ苦労して得た情報や知識はけっして無駄にはならない。レポートを書く作業を通じて、さまざまな情報や考えに接し、自分の意見や考えがより明確となる。こうした知的営みの積み重ねにより自身の知見や視野が広がっていくのである。

### 2－3　ステップ3：組み立てる

#### 1）主題文をつくる

　テーマの話題や論点も絞られ、情報も集まったところで、レポートの大まかな内容を確認するために「主題文」を作成する。

　レポートの内容を組み立てる際には、土台となる骨組みを知る必要がある。そもそもレポートとは、ある事柄や問題に対して自分の考え、つまり意見を説得的に述べる文章にほかならない。こうした自分の主張や意見を述べる文を一般的に意見文という。意見文は次の3つの要素から成る。中心となるテーマや問われている問題である「話題」と、「話題」に対して自分がもっとも言いたいことである「答え」、そしてその「答え」がなぜ正しいといえるのかを証明する「理由」である。意見文では、これら3つの要素が適切に説明され、不備なく表現される必要がある。

　レポート作成では、意見文と同じ構造を持つ主題文をまず作成する。主題文とは、テーマに対して、自分の主張を簡潔に述べた文章を意味し、レポートの土台を示す。

　主題文の主な構成要素は4点である。

　①　主題：論点とする内容
　②　主題の背景：主題に関する問題の背景
　③　根拠：主張の裏づけとなるデータ・事実・事例
　④　主張：自分の意見

　表7‐1は「若年層のSNSの利用について」をテーマとした主題文の参考例である。こうした主題文を作成することで、論点の絞り込みができているか、レポートに必要な構成要素が揃っているか、論旨が整っているか、が把握できる。

#### 2）アウトラインをつくる

　主題文の次にアウトラインを作成する。アウトラインとは、論文の全体像、組み立て方、議論の方向性を階層的に把握するためのフォーマットである。つまり、レポートの構成を示す骨組みであり、分量が多いレポートの場合は見出

表7-1 「若年層のSNSの利用について」をテーマとした主題文の参考例

| ① | 主題 | 近年、SNSは日常生活に欠かせない手軽で身近なコミュニケーションツールとなっている。一方、若年層においてはSNS利用をめぐる深刻なトラブルも生じている。 |
|---|---|---|
| ② | 主題の背景 | SNSの利用状況は10代では86%、20代では90％と増加傾向にある（『総務省令和３年版情報通信白書』「通信利用動向調査」）。<br>とくに若い世代では、SNSの利用で予期しないトラブルに巻き込まれることがある。例えば、SNS上で何気なくつぶやいた言葉や写真・動画の投稿が拡散され、SNSいじめや炎上が起こるなど、被害者・加害者になることがある。 |
| ③ | 根拠 | SNSのアカウント登録は13歳以上が大半である。また、この時期、SNSを介した人との交流や情報の送受信がさかんにおこなわれるようになり、トラブルに巻き込まれやすくなる。<br>小・中学生の時期にSNSの情報発信の仕組みや知識を学ぶ機会は少ない。そのためネット上でのルールやモラルに関する正しい知識を得る機会は乏しく、十分だとはいえない。 |
| ④ | 主張 | SNSを利用し始める年齢より前に、その仕組みを理解した上で、情報のやりとりが正しく、適切にできるよう、家庭や学校で学習する機会が必要だと考える。 |

表7-2 レポートの３部構成と記述内容

| 序論 | ・問題の背景の説明<br>・目的の提示<br>・主張の要点<br>・手順 |
|---|---|
| 本論 | ・主張を裏づける信頼ある根拠の提示<br>・事実の提示<br>・意見の提示<br>・根拠の評価・妥当性 |
| 結論 | ・主張の妥当性の確認<br>・評価と展望 |

し、あるいは目次のようなものと考えてよい。

　論述型のレポートでは、その論理展開に沿うものとして、アウトラインは、序論・本論・結論の3部構成が原則である。この3部構成では、表7-2に示すとおり、記述内容が決まっている。

　このように、レポートでは型として書くべき内容が決まっているため、このアウトラインに従えば、調べたり、考えたりした内容をどのような順番で、どのような構成で書けばよいかが明確である。この作業まで行き着けば、残りの執筆作業も効率よく進めることができる。

## 2-4　ステップ4：執筆する

　「執筆する」作業は、Microsoft Wordを活用する。書き方としては、アウトラインに沿って、集めた材料や考えを再構成しながらブロックごとに書き進めるイメージである。この段階で情報が十分でない、絞りきれていない場合は、前のステップに戻り軌道修正をする。もし書いている過程で、アウトラインの内容が大きく変わるようであれば、ステップ1～2に戻る。そのような場合は、情報や考えを検討し整理した上で、アウトラインを作り直すほうがよい。

## 2-5　ステップ5：点検する

　執筆作業が完了してもまだ完成ではない。最後に「点検する」という重要な作業が残っている。

　Microsoft Wordには校閲機能が付いており、軽微な誤字・脱字や文法のミスは指摘してくれる。ただし、この機能を使用しても非常に多くの見落としがあるため頼ってはいけない。

　完成したファイルは、必ず何度かはプリントアウトし、紙の上で全体と細部を確認する。そうすればパソコンの画面上では気づかなかった点やミスが見えてくる。

　点検作業での大切なポイントは、虫の目と鳥の目をもって全体と細部を丁寧に見返すことだ。虫の目とは、細かい表記や文章作法を点検することであり、鳥の目とは、全体の構成や論理展開を眺めることである。そして、自分の書い

たものを、読み手意識を持って読み直すよう心がけよう。章末に表7－4で
「レポート点検項目」をあげているので利用してほしい。また、できれば自分
のレポートを他の人に読んでもらうとよい。自分の主張が明確に伝わったか、
内容が理解してもらえたか、第3者からの指摘は貴重である。自分では気づか
なかった論理の飛躍や説明不足が判明する。

　最後に、締め切り期日を守ること、指定された字数や書式といった形式を守
ることは最低限のルールであることを忘れないでほしい。

## 3　レポートの文章表現・作法

### 3－1　文章表現

　レポートにおいて優先されるべき目的とは、書かれた内容を他者にわかりや
すく説得的に伝えることにある。そのため、その記述や表現は、読み手に内容
が明瞭に伝わるよう工夫する必要がある。

　では、読み手にとってわかりやすく説得力のある文書とは、どのような特徴
をもつのであろうか。それは表7－3のとおり、論点・主張・主張の裏付け・
表現・形式の5つの項目から特徴づけられ、示されるものだ。

　そして、わかりやすい文章表現とは、読み手に負担をかけず、内容が明確に
読み取れる文章を意味する。では、読み手に「負担をかけない」文章表現とは、
具体的にどのような文章を指すのか。それは、「明快・明確・簡潔な表現」（木
下, 1994. p.166）で記述された文章である。では、この3つの表現の特徴につ
いてポイントを押さえて説明しよう。

　まず、明快な文章とは、全体・段落・文章といったレベルにおいて意味のつ
ながりが明確で、一読すれば内容を読み取れる文章のことである。そうした文
章には3つの特徴がある。

①　論理的な順序に従って文章全体が組み立てられている。

②　論理の流れが自然で、一つの文と次の文がどういう関係にあるのか即座
　に理解できる。

③　一つひとつの文が正確に書いてあり、文の中の言葉と言葉との対応が明

表7-3　わかりやすく説得力のある文書の特徴

---

① 論点
　　適切な論点を見いだしている
② 主張
　　明確に目的を示し、自分の主張を説得的に述べている
③ 主張の裏付け
　　信頼できる資料や証拠を根拠にしている
④ 表現
　　論理の流れが正しく、明確に内容が読める
　　文章表現として、不備が少ない
⑤ 形式
　　正しいルールで統一され、正しい文法・文章である

---

確である。

　次に、明確な文章とは、曖昧さがなく、間違いがない文章を指し、次の3つの特徴がある。

① 　語句レベルで、誤字・脱字や表記ミスがなく、適切な語彙を使用し、正しい日本語で書かれている。

② 　文章レベルで、語尾ははっきりと断定している。

③ 　関係のない情報を省き、説明をごまかすことなく、具体的に記述している。

　最後に簡潔な文章は、字義のとおり短くまとまりのある文章を指し、次の2つの特徴を示す。

① 　要領を得ており、無駄のない文章で書かれている。

② 　一文一義（ワンセンテンス・ワンメッセージ）のルールに則り、一つの文章に一つの事柄・情報・トピックに絞っている。

　当然のことだが、いくつかの科目やゼミを担当する教員は、非常に多くの学生のレポートを読むことになる。読み手に負担をかけない明快・明確・簡潔な表現を心がけよう。

### 3−2 パラグラフを意識する

レポートは複数の文章によって構成されるが、それが「論理の文章」となるためには、論理展開がわかりやすく読み取れるよう工夫しなくてはならない。そのためには、先に触れたアウトラインの型にあてはめればよい場合もあるが、ある程度まとまった分量の文章となる場合、段落やパラグラフを意識するとよい。

段落とは、長い文章を内容のまとまりからいくつかに分けたもので、形式的には一字下げて書き始める一区切りの文章を意味する。一方のパラグラフも同様で、いくつかの文が集まり、一つの意味のまとまりとして示した型を指す。ただし、パラグラフは、単なる区切りとして機能するだけなく、論理展開を意識した構造を読み手に示す型であることを理解してほしい。

パラグラフを意識した文章は構造が明確なため、全体の内容や論理展開がわかりやすく読み取れる。図7‐2を見てもわかるように、トピック・センテンスの流れを追えば、読み手は負担なく、書かれた内容を把握できる構成となっている。

パラグラフを構成するのは次の3つの要素である。

① トピック・センテンス：導入として、そのパラグフで述べようとする内容を要約したり、予告したりなど、端的に表した文。

② サポート文（複数の文章で構成される）：トピック・センテンスの裏付けの説明となる内容の文。

③ 結びの文：パラグラフの内容をまとめた結論の文。

パラグラフは、トピック・センテンスの冒頭を一字下げて、内容を書

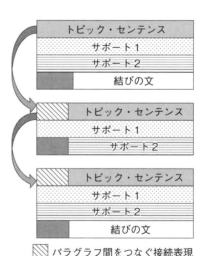

図7-2 パラグラフの構造

き始める。次に、サポート文であるトピック・センテンスの主張を裏付ける内容を続ける。そして、パラグラフの最後の文は、サポート文、あるいは結びの文とし、適切な接続表現を用い、まとめの内容とする。そして、パラグラフ間は、論理の流れと一致する接続表現を用いる。

　ところで、提出されたレポートを目にしたとき、よく書けているレポートかどうか予測がつく場合がある。例えば、一字下げがされていなかったり、そもそも段落がなかったりなど、いわゆるブログ書きと呼ばれる箇条書きで記述されたレポートは、情報の羅列となっていることも多く、論理展開どころか、情報や考えすら整理されていないことがよくある。一方、よく書けているレポートは、パラグラフが意識されているため、ざっと目を通しただけでも論旨が読み取れる。後者のレポートをめざそう。

## 3-3　正しく文章を書く

　内容がよく書けていても、誤字・脱字や表記ミスが目立ったり、話し言葉が混在したり、日本語として不適切な点があったりすると文章の価値が下がるのはいうまでもない。正しく文章を書くためにも、①単語や語句レベルの表記・選び方・使い方、②文や段落の長さ・役割・順序など、日本語の文法を再度確認しておこう。

　レポートでは専門用語や概念をキーワードとして用いる場合もある。その際は、語や概念の定義はもちろん、それらがどのような学術的背景や文脈で用いられるのか理解し、いかなる意図をもって使用するのか、自覚した上で取り入れるようにしたい。レポートの中で難解な概念や抽象度の高い言葉を取り入れる場合、主張や議論と噛み合った内容となっているのか、自身の理解度も試されているともいえよう。

　ところで、"カッコよく"書こうと最新のカタカナ用語をやたらと用いたり、美文を書こうと巧みな言い回しを駆使したりという努力を惜しまない人がいる。そうした努力の前に、読み手の知識にも配慮しながら、語句・文章・段落のレベルでの意味や文としての正しさを優先するべきである。アカデミック・ライティングでは難解で高尚な言葉遣いをするものだといった先入観は捨てよ

う。自分でも十分に理解できていない用語を無理に使うと、逆にその部分が浮いてしまうという残念な場合が多い。

### 3-4 事実と意見を区別する

　客観的な内容を原則とする文書では、事実と意見は明確に区別し、記述する必要がある。事実とは「その内容が本当かどうか、客観的に確かめることができる内容」である。一方、意見とは「書き手の考え(判断や推測も含む）を表す内容」である。つまり、意見を述べる場合、そう思う人もいるが、そう思わない人もいることを念頭におく必要がある。

　例えば、「日本では高齢化が進展している」という文は事実（情報）を述べている。一方、「日本で高齢化が進展しているのは問題だ」という文は意見（判断）を述べており、「問題である」という主張を含む。したがって、後者の文は、なぜ「問題だ」と考えるのか、その主張の正当性を示す理由を明確に述べなくてはならない文章となる。例えば「社会保障費の負担が年々増大し、国家予算を圧迫しているから」などの理由を加え、具体的なデータなどを示す必要がある。

　提出されたレポートの中には、「また」「そして」といった接続詞を多用し、情報や事実のみを延々と書き綴るものがある。この場合、意見に結びつく事実やデータが絞り切れていないと考えられる。

　一方、「思う」「感じる」といった語尾を繰り返し、主観的な感想レベルでの意見しか述べていないレポートもある。そこで、自分の意見を主張する箇所と、なぜそのように考えたのかという理由を述べるための事実や説明の箇所とを明確に分けるようにすれば、先にあげた偏ったレポートの内容とはならないはずである。

### 3-5 引用のルール

　本文の中で、文献や資料のデータをはじめ、他の人の意見などを使用する場合は、「引用」のルールに従う。

　このルールの大原則は、自分の書いた表現と引用した部分とを明瞭に区別す

ることである。また、あくまでも自分の書く内容が主であり、引用する部分は最小限に止める必要がある。なぜその箇所を引用する必要があるのか、その意図が読み手にも明瞭に伝わる形で、記述されなくてはいけない。

　現在、ネット上ではさまざまな情報やデータが公開されているが、それらを自分が書いたかのように他の文書に使用する、いわゆる"コピペ"行為が横行している。これは、「盗用」「剽窃」という行為にあたる。「剽窃」とは、他の人の書いたものの全部あるいは一部を、そのまま自分のものとして無断で使用することを意味するが、大学のレポートや論文をはじめ、公的な文書では禁止されている行為である。

　もちろん、内容に関係するデータ全てを独自で調査するのは不可能であるし、先行研究のデータや知見を適切に取り入れることは、レポート・論文ではむしろ推奨される行為でもある。ただ、その際は引用の方法やルールをきちんと守らなくてはならない。

　引用には、主に直接引用と間接引用の仕方がある。

　直接引用として「原文の短い部分」を引用する場合は、著者の文章をそのまま全く変えず、引用箇所を「　　」で括り記述する。一方、「原文の長い部分」を引用する場合は、段落を改め、前後の文と一行空けるなどして、その箇所が引用であることを示す。

　間接引用として原文を要約して引用する場合は、引用する資料の主旨を損ねない限りにおいて自分の言葉で述べる。

　いずれの場合も、資料・文献名、著者名、出版年、出版社、出典箇所などの所定の情報を明らかにし、本文内や脚注に記す必要がある。

　なお、注のつけかたやルールは専門分野によっても異なる。比較的分量の少ないレポートでは使用しないため今回は割愛する。ただし卒業論文では専門分野のやり方に沿って適切に行う必要がある。

## おわりに

本章を通じて、レポート作成にあたっては、書く力というよりも、これまでの章で学んできたアカデミック・スキルズを結集した力が必要であることが理解できただろう。また、レポート作成には、自分の考えを整理したり、まとめたりする力も必須となることも確認できたと思う。レポートを作成する作業は、「考える」と「書く」という営みの双方を両輪として進める、知的で創造的な実践にほかならない。

大学で書くレポートは、自分の考えが他者にわかりやすく説得的に伝わるよう、正しい論理展開に沿った記述をめざした取り組みとなる。

思考力とは言葉を手がかりとしながら論理的に思考する力のことを意味する。つまり、大学でレポートを書くという作業は、言葉を駆使して思考する力を養う良い機会だといえよう。

言葉を通じて自分の立場や考えを相手に伝えるという行為は、コミュニケーションの基本である。したがって、レポートを書くことはコミュニケーション力を鍛えることにもつながる。大学で何度もあるレポート作成の機会を、自分のスキルや能力を向上させる良い機会ととらえ、できるだけ丁寧に取り組んでほしい。

**引用・参考文献**

井下千以子『思考を鍛えるレポート・論文作成法（第3版）』慶應義塾大学出版会、2019年

学習技術研究会『知へのステップ 第5版』くろしお出版、2019年

木下是雄『レポートの組み立て方』筑摩書房、1994年

名古屋大学教育学部附属中学校・高等学校国語科『はじめよう、ロジカル・ライティング』ひつじ書房、2014年

野矢茂樹『新版 論理トレーニング』産業図書、2006年

古郡廷治『論文・レポートの文章作成技法』日本エディタースクール出版部、2006年

表7-4　レポート点検項目

| | 項　目 | チェック |
|---|---|---|
| 1 | 提出日時や方法、レポートの形式の理解は正しいか | |
| 2 | テーマを正しくとらえているか | |
| 3 | （構成）<br>アウトライン（3部構成）を意識した論理構成ができているか | |
| 4 | （序論部）<br>主題・論点が明示されているか | |
| 5 | （序論部・結論部）<br>主張を明確に、説得的に述べているか | |
| 6 | （本論）<br>主張の裏付けとなる理由や根拠について信頼できるデータ・事例・事実をあげているか | |
| 7 | （結論部）<br>主張に再度触れ、今後の課題を示しているか | |
| 8 | （タイトル）<br>内容と整合性のある適切な表現となっているか | |
| 9 | 冒頭・段落・パラグラフの書き出しは一字下げているか（一字下げ・改行のない「ブログ書き」のレポートは不可） | |
| 10 | 主語と述語が正しく対応している文章となっているか | |
| 11 | 一文が無駄に長くなっていないか（50字程度を目安とする） | |
| 12 | 文末が同じ表現の繰り返しになっていないか（「思う」「わかった」「明らかとなった」が連続している） | |
| 13 | 適切な接続表現ができているか（適宜接続詞を正しく適切に用いる） | |
| 14 | 不必要に長すぎる修飾語句がないか | |
| 15 | 誤字・脱字はないか | |
| 16 | 「だ・である」体で統一しているか | |
| 17 | 句読点が正しく打てているか | |
| 18 | 話し言葉が混在していないか | |
| 19 | 引用の仕方は正しいか | |
| 20 | 参考・引用文献リストが正しいルールで書かれているか | |

## 第8章
# プレゼンテーション

## はじめに

　大学の学びには、著書や資料を読み解き、情報を整理し、分析し、思考するという作業も含めた総合的な力はもちろんのこと、さらに他者に伝えるという一方通行の意見伝達にとどまらず、ディスカッションするという双方向のコミュニケーション力も要求される。これまでは、「書かれたもの」による発表について、その構成の仕方、書き方の技術などを述べてきた。本章では、「話すこと」による発表、いわゆるプレゼンテーション（口頭発表）について述べる。

　本章では、演習（ゼミ）におけるプレゼンテーションを例に、次の手順で解説する。まず、プレゼンテーションの種類や目的を確認し、一般的な発表の流れとその内容を説明する。さらに、プレゼンテーションの事前準備や注意すべき点、レジュメなどに触れ、プレゼンテーションの基本的理解を深める。

## 1　プレゼンテーションとは

　大学では、演習（ゼミ）、卒業論文の発表会などでプレゼンテーションが行われている。プレゼンテーションの際には、通常、発表の直後にディスカッション（ディスカッションについては、第9章を参照）の機会が設けられている。レポート・論文などの文書における発表と違い、プレゼンテーションの利点は、発表者と聞き手が、その時その場で直接ディスカッションができるという点にあるといえる。聞き手は、発表者に疑問や異なった意見を述べることが

でき、また、発表者はそれに答えることによって、反論したり、研究成果を修正したりすることができる。そのようなディスカッションによって、発表者は発表した研究成果をさらに深めることができる。

　このようにプレゼンテーションは、一方通行の意見の伝達ではなく、双方向のコミュニケーションであるといえる。


## 1－1　プレゼンテーションの種類

　プレゼンテーションは、発表する条件に応じて、次のような2つの種類に区別できる。

　①　各自の研究の「経過」を報告する場合

　　　大学の演習（ゼミ）での口頭発表は、この場合が多い。

　②　各自の研究の「成果」を報告する場合

　　　この場合は、さらに成果の内容を要約して行う発表と、成果のうちの独自性のある部分や最も重要な部分を取り出してトピック的に行う発表とに分けることができる。


## 1－2　プレゼンテーションの方法の確定

　プレゼンテーションは聞き手にとって理解しやすい、整然とした発表を心がける必要がある。ひとくちにプレゼンテーションといっても、具体的には、単独で行う講演や報告、あるいは複数で行う報告、パネル・ディスカッション、グループ・ディスカッションのように、いくつかの方法が考えられる。そこで、事前に以下のことを把握し、よりいっそう具体的な発表方法を確定しておかなければならない。

　①　発表の持ち時間はどれくらいか

　　　発表者にとって持ち時間を守ることは、非常に重要なことである。そのため、持ち時間にあわせて発表内容を作成する必要がある。そこで、自分の持ち時間を必ず確認しておくことが重要である。

　②　発表場所と規模はどれくらいか

　　　例えば、発表場所が教室だとしても、その教室の規模によって収容人数

が違い、もちろん聞き手の人数も違ってくる。さらに、使用できる機器も違ってくる。そのため、発表場所に適した発表方法や使用機器を考える必要がある。わかりやすい発表を行うためには、これらを確認しておくことが大切である。

③　誰を対象に発表するのか

　　わかりやすい発表をするためには、発表の聞き手（対象）が、どのような人なのかを確認することが重要である。それは聞き手の知識の程度にあわせて説明などを工夫する必要があるからである。

　　例えば、発表内容で使用する語句について、ほとんど知識のないと思われる聞き手の場合は、それについての説明を加える。また、すでに知識を持っていると思われる聞き手の場合は、説明を省略する。このように、わかりやすい発表をするためには、聞き手がどのような人なのかを前もって知ることは重要で、聞き手にあわせた発表内容作成することが重要である。

④　どのような機器を使用するのか

　　教室や会議室などで発表する場合、「話すこと」のみによって発表するのではなく、スライドや書画カメラ、DVDプレーヤー、パソコンと連動したプロジェクターなど視聴覚機器の使用を組み合わせた発表方法がある。このような方法のなかでは、Power Pointに代表されるプレゼンテーションツールを利用したパソコンとプロジェクターの使用による方法が一般的に利用されている。これは、聴覚と視覚の両方に同時に訴える点で、聞き手が理解しやすい発表になるという長所があるためである。わかりやすい発表を行うためにも適切な機器の選択が重要である。

⑤　どのような配付資料を用意するのか

　　聞き手の理解を助けるためにも、あらかじめ資料を作成し、配布する。とくに機器を使用せず、「話すこと」のみで発表する場合には紙媒体の資料であるレジュメの作成が必要である。Power Pointなどのプレゼンテーションツールを使用した発表の場合でも、レジュメを作成することが望ましいが、少なくともスライドの全ページを印刷した資料の配付は必要である。レジュメなどの配付資料は、聞き手の理解を助ける重要なツールとな

るので必ず作成し、配付する。

　以上のように、発表すべき状況や条件を十分に踏まえて、最も適切な発表方法を検討し、確定しなければならない。

## 1－3　プレゼンテーションの一般的な流れ

　プレゼンテーションの仕方はさまざまであるが、一般的な流れは以下の通りである。

　①　導入

　　　ここでは、発表の主題や目的の提示、いわゆる「リサーチ・クエスチョン」の提示を行う。まず、何について発表するのか、疑問や発見から何を問題にしているのか、発表の目的が何なのか、について述べる。次いで、発表の全体像を説明する。

　②　展開

　　　ここでは、発表の前提となる資料やデータを提示し、それらの論旨と主張について述べ、さらに分析や複数の資料の比較を行う。これらの情報（資料・データ）のクリティカル・リーディングが求められる部分である。

　③　結論

　　　①で示した「リサーチ・クエスチョン」に対する答えの部分で、ここがプレゼンテーションの核心部分となる。②の情報（資料・データ）の解釈などをもとに、論理的かつ実証的に主張し、最終的に何が言いたかったのかを明示する。ここが発表の最も重要な部分であり、発表者のオリジナリティがとくに求められる部分である。

　④　まとめ

　　　これまで述べてきた発表内容を簡潔に要約し、再度結論を述べる。最後に、今後の研究の見通しや課題について述べる。

　以上の流れは、ごく一般的な流れであり、わかりやすく聞き手に伝えるためには、扱う題材や課題等によって、さまざまなアレンジもあり得る。

## 2 プレゼンテーションのための事前準備

プレゼンテーションの事前準備としては、資料の収集、整理、分析を含めていろいろなものが考えられるが、ここでは、発表すべき内容が一応確定したものとして、事前に留意すべき点を述べることとする。

### 2－1 発表原稿の作成

プレゼンテーションに際しては、完全原稿を作成しておく場合とメモや箇条書きで行う場合がある。ただ、学会などでもメモや箇条書きの文面で発表することは少なく、きちんとした発表原稿を書いて行う場合が多い。発表原稿における発表内容の構成は、第7章で紹介したレポートの書き方、とくにレポート作成の手順に準じると考えてよい。すなわち、「導入」「展開」「結論」といった、一連のしっかりとした論理構造をもった構成をとる必要がある。

とくに、プレゼンテーションの場合は、一般的に時間が限られているため、おのおののパートの時間配分には十分気をつける必要がある。不必要な脇道にそれて発表の趣旨がうまく伝わらなかったり、時間が足りなくなり、結論が十分に述べられないなどといった失敗がプレゼンテーションではしばしば起こる。

このような失敗を避けるためには、何よりも発表原稿の作成の段階で、周到に内容を整理しておくことが必要となる。なお、発表時間とは一般的に発表者の持ち時間のことで、その中には発表者による正味の発表と第9章で述べるディスカッション（討論）の時間も含まれている。

したがって、発表原稿は、発表時間（持ち時間）の3分の2程度の時間で、1分あたり260～280字程度を目安に作成するとよい。例えば、発表時間（持ち時間）が15分ならば、発表者による正味の発表時間は10分程度となり、2800字程度の準備が必要となる。また、Power Pointに代表されるプレゼンテーションツールを利用した発表の場合、1分あたり1枚のスライドの提示を目安とし、発表者による正味の発表時間が10分ならば10枚か、多くても15枚程度のスライドを作成するとよい。

## 2-2　レジュメの作成

　発表を効果的にするためには、聞き手の側にあらかじめ発表についての予備知識が与えられている必要がある。そこで、発表がどのような順序に従って、どのように進められていくのかを明らかにするために、レジュメを作成し、事前に配付しておくのがよい。

## 2-3　器具・設備の点検

　マイクや視聴覚機器などを使用する場合には、事前にそれらの点検を行い、適正な状態にセットしておかなければならない。また、特別な器具や設備を使用しない場合にも、図や資料を貼る場所があるかなどといった細かな点に気を配っておきたい。なお、発表時間とは、発表それ自体のためのものであって、これらの器具や設備の点検はそれに含まれていない。したがって、これらの作業は、発表の始まる時間までには終了していなければならない。

# 3　プレゼンテーションに際して注意すべき点

　プレゼンテーションは、聞き手に聞いてもらうということが大前提になるので、発表に際しては、聞き手の興味を失わせない、関心をそらしてしまわない態度が重要である。このために気をつけなければならない点はいくつかあるが、以下に主なものをあげておく。

## 3-1　プレゼンテーションの内容に関する注意

① 文体、用語の統一

　　プレゼンテーションでは、「です・ます」調（敬体）で話すのが普通である。引用部分を別にすれば、文体は統一されていなければならない。また、発表の中でしばしば使われる用語などについても、概念を明確にし、統一的な用語を使うようにしなくてはならない。同一の概念に対して異なった用語を用いると、無用な混乱の原因になるためである。この点は、発表者が複数の場合、とくに気をつけて事前に統一しておく必要がある。

②　多義的な用語を避ける

　　いわゆる同音異義語は、聞き手の理解を混乱させる危険があるので、避けることが望ましい。やむをえない場合は、どのような意味で用いているのか話のなかで短い注釈を入れたり、レジュメにあらかじめ表記しておくなどの配慮が必要である。

　　【例】「以上が健康保険法についてでした。次に、老人保健法についてですが……この場合のホケンは，保健体育のホケンを書きます……」。

③　難解な用語や表現を避ける

　　不必要に難解な用語や表現を避けるべきことは、文書による発表の場合についてもいえるが、プレゼンテーションの場合には、よりいっそう注意が必要である。やむをえないときは、多義的な用語と同様、話の中で注釈を入れる、あらかじめレジュメに表記する、別の表現で言い換えるなど、聞き手の理解を助ける工夫が必要である。

　　【例】「ここに行為の嘱託……つまり、行為を他者に依頼すること……があったといえるわけです」。

④　不用意な表現や言い回しを避ける

　　同一の内容を伝えようとする場合でも、表現のしかたや細かい言い回しには、発表者の個性がある程度表れるものである。このこと自体は決して悪いことではないが、他者（聞き手だけではなく、その場に居合わせない第三者も含めて）を故意に中傷したり、侮辱したりするような表現や言い回しはつつしむべきである。

⑤　なるべく短文を用いる

　　発表の文章は長文を避け、なるべく簡潔な短文を用いた方がよい。長文は、しばしば文の論理的なつながりをわかりづらくしてしまうからである。

　　【例】

　　＜原稿文の場合＞

　　　　かつてフッサールは、ヨーロッパ的普遍主義を説明してこの普遍主義は古代ギリシア文化にその始源を有するものであり、ギリシア的精神の共有という点において、他のいかなる文化世界における普遍主義とも性格を異にした、ヨーロッパ普遍主義の独自性・固有性があると語った。

＜発表の場合＞

　　かつてフッサールは、ヨーロッパ的普遍主義を説明して、こう語りました。この普遍主義は古代ギリシアに始まるものである。したがって、ギリシア的精神を共有しているというところが、他のいかなる文化世界における普遍主義とも違った点である。この点に、ヨーロッパ普遍主義の独自性と固有性があるというのです。


　以上のような注意点に加えて、聞き手を飽きさせない印象的な発表をするための工夫として、とくに発表の導入部分に気をつけるとよい。例えば、いきなり本論に立ち入ってしまうのではなく、切り出しのためのトピックを準備しておくなどの工夫である。また、聞き手の興味を惹くトピックを選ぶために、ここでも聴き手に関する情報を手に入れておくとよい。

## ３−２　プレゼンテーションの技術に関する注意

①　大きく明瞭に発音された声で発表する

②　棒読みをしない

　　発表原稿は、あらかじめ準備していなければならないが、原稿に書かれた文章に依存しすぎ、発表が原稿の棒読みになってしまっては聞き手の理解は得られない。話し方の強弱、スピードなどに工夫し、とくに訴えたい部分は、強く、かつスピードを落として話すのがよい。

③　話のスピードに注意する

　　とくに、プレゼンテーションにおいては、聞き手がメモやノートを取ることが一般的なので、普通の話と比べてゆっくりすぎると感じられるくらいのスピードが適当である。発表者によって相違はあるが、だいたいの目安としては、1分間に260〜280字程度のスピードが適当である。緊張すると速くなることが多いので、気をつける。

④　間をとることを心がける

　　とくに、「間」を効果的に用いることが大切である。段落や章の切れ目では、一定の間をおいて、聞き手の反応をみることが望ましい。

⑤　聞き手を見ながら話す

　　プレゼンテーションも対話の一形態であることから、聞き手を見ながら話すという原則が守られなくてはならない。原稿を読み上げている以上、どうしても下を見てしまいがちであるが、視線を定期的に巡回させながら聞き手と目を合わすことを心がけよう。

⑥　身ぶり・手ぶりに注意する

　　発表に際して自然に出てくる身ぶりや手ぶりは、発表を活気づけ、効果的なものである。ただし、研究発表は聞き手の理性に訴えるべきものであるから聞き手の感情に訴えかけるような必要以上の身ぶり、手ぶりは避けるべきである。

⑦　持ち時間を守る

　　与えられた持ち時間を守らなければ、予定が狂ってしまう。時計を見える場所に置いておき、時間の具合によって省略したりして時間調整する。

　これらの点に注意して、印象的、効果的な発表を心がけたい。

## 4　レジュメ

### 4−1　レジュメとは

　レジュメは、「梗概（こうがい）」、「要約」などと訳されているが、ここでは、プレゼンテーションに際して補助的な使用を目的として配付する印刷物をレジュメと呼ぶことにする。

　レジュメは、発表者の発表内容をより適切に理解させるために作成するものである。プレゼンテーション内容の骨格を一番はじめに聞き手に示すものがレジュメであるともいえる。したがって、レジュメには、どのような順番で、どのような内容を発表するかを示しておかなければならない。また、発表者がどのような問題意識をもち、どのような視点から問題を論じようとするかなども示しておく必要がある。

　レジュメは、プレゼンテーションの内容の理解を助けるための補助的文書で

あるから、発表の内容によって記載の形式や内容は異なる。以下では、レジュメに必要と思われる基本的な事項を要約的に示す。

### 4−2　レジュメの一般的な記載事項

#### （1）一般的記載事項

　これは、当該レジュメが何について誰が作成したものであるかを明らかにするためのもので、次の事項が記載される。

①　プレゼンテーションを行う年月日

②　プレゼンテーションを行う場所

③　プレゼンテーションで扱うテーマ

④　研究主体（研究者の氏名。グループの場合は、その名称も示す）

⑤　発表者氏名（とくに、発表者が研究グループの代表として発表する場合など）

ただし、学会報告などでは①、②は省かれていることが多い。

#### （2）序

　この部分は、研究者の問題意識を示すとともに、聞き手の興味を喚起する部分でもあるから、おろそかにしてはならない。次のような事項がここで示されなければならないが、箇条書きに羅列するのではなく、要領よく文章化して記載することが望ましい。

①　研究テーマの設定理由

　　なぜその研究テーマを設定したのかを示す。

②　研究の対象・範囲

　　設定した研究テーマのもとで、何を対象として、どの範囲で研究を進めたかを示す。とくに、プレゼンテーションにおいては、発表時間などの関係で、研究したことの一部だけしか発表できない場合が多いので、そのような場合には、研究したことの対象、範囲とプレゼンテーションで取り扱う対象、範囲とを明確にしておかなければならない。

③ 研究の見通し（あるいは仮説）

　研究において何を論証しようとしているのかという点を明らかにする。

④ 研究の方法

　当該研究において、論証を進めていくための方法として用いた手段を示す。例えば、文献講読、アンケート調査、インタビューの実施などを明らかにする。

⑤ その他

　上記以外の点について、特に明示すべきだと思われる事柄を記す。例えば、研究やプレゼンテーションにおいて、通常使われているのと異なった意味で用語を使用する場合や、意味が不明確で誤解されるおそれのある用語を使用する場合には、その意味、内容を明確にしておかなければならない。

（3）本　　論

① 発表の目次（章立て・節立て）

　これは、プレゼンテーションがどのような手順に従って行われるのかをあらかじめ明らかにしておくためのものであるから、「本論」の冒頭で示しておく。なお，発表において使用する資料を、使用する順序に従って目次に対応させるかたちで示しておけば、より親切である。

② 資料の分析・考察

　これらは、発表において詳細かつ具体的に明らかになるものであるから、レジュメにはそれほど詳細に記す必要はない。しかし、とくに強調したい部分や重要だと思われる部分を記したり、箇条書き程度に示しておくことは必要である。

（4）結　　論

　「本論」において述べられた分析、考察を基礎として到達した見解、考え方を示す。この部分は研究の結論部分であるから、単に箇条書きにするのではなく、以下の点を踏まえて、明確に文章化しておかなければならない。

① 当該研究の結論

　これは、当該研究で取り扱ってきた問題点に対する結論である。ここでは、とくに、はじめに提示した問いかけ（あるいは仮説）と呼応した結論となっているかどうかを十分に吟味しなければならない。

② 将来への展望

　当該研究や発表を基礎として、問題状況が今後どのように発展していくかといった点を示す。これは、単なる感想ではなく、できるだけ確固としたデータに基づいたものであるよう心がけたい。

③ 残された課題

　当該研究や発表を通じて、重要だとは考えながらも、さまざまな制約（時間的制約、対象や範囲の逸脱など）から取り扱えなかった問題点や課題について、何が問題であるのか、何が課題として残されているか、といった点を示す。


## （5）参考文献

　プレゼンテーションをするのに参考とした文献をレジュメの最後に一覧表として示すものである。発表者が何を論拠に議論を展開したか、参考文献の一覧表はこの点を知る手がかりを聞き手に提供するものである。


## （6）資料編

　これは、レジュメそのものに記載するのではなく、レジュメに添付するものである。図、表、統計、年表などを利用して発表する場合には、ぜひとも資料として添付したいものである。

　発表に際して使用する資料を、使用する順序に従って、典拠を明示した上で示しておかなくてはならない。ただ、文献資料は、必ずしも使用する順序に従って示す必要はなく、末尾に一括して掲げておけばよい。

　視聴覚機器を併用して発表をする場合は、資料をスライドなどにして示すことが多い。

　なお、学会などでは(2)〜(5)を省き、(6)のみをレジュメとして提示し、そ

れに基づいて発表する場合もある。

## 4－3　レジュメの実例

　章末のページに、レジュメの記載例【実例】を掲げている。なお、これらは
あくまでも例示であって、必ずこのようにしなければならないというものでは
ない。

　また、レジュメの記載例では図や表を略しているが、それらを掲載する場合
の注意点を以下にあげておく。

　①　グラフなどの図を掲載する場合

　図のキャプション（題）は、図の下に書かなければならない。複数の図を掲
載する場合は、図の番号は通し番号が基本である。その場合、通し番号のみと
する場合と、○－△とする場合がある。○－△の場合は、○には章の番号、△
にはその章における図の通し番号を記載する。

　【例1】には、通し番号のみの図のキャプション例を示している。これは、

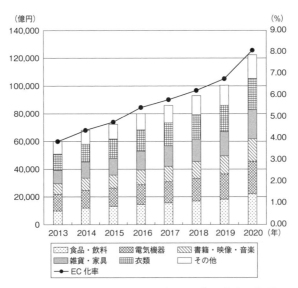

図7　BtoC-EC 市場規模の内訳及びEC化率の推移
（出典：経済産業省『電子商取引に関する市場調査』より著者作成）

第1章に掲載している最初の図から数えて7番目の表であることを示している。また、出典や注についてはキャプションの下に、キャプションより小さいポイントで明記する。

　② 表を掲載する場合

　表のキャプションは、表の上に書かなければならない。表の番号も通し番号が基本で、図の番号表記と同様に、通し番号のみとする場合と、○−△とする場合がある。○−△の表記の場合、○には章の番号、△にはその章における表の通し番号を記載する。

　【例2】には、○−△表記の場合の例を記載している。これは、第3章の2番目の表であることを示している。また、出典や注は図の場合と同様に表の下に、キャプションより小さいポイントで明記する。

表3−2　平成30年度 子供の学費調査（単位：円）

| 区分 | 幼稚園 | | 小学校 | | 中学校 | | 高等学校(全日制) | |
|---|---|---|---|---|---|---|---|---|
| | 公立 | 私立 | 公立 | 私立 | 公立 | 私立 | 公立 | 私立 |
| 学習費総額 | 223,647 | 527,916 | 321,281 | 1,598,691 | 488,397 | 1,406,433 | 457,380 | 969,911 |
| 学校教育費 | 120,738 | 331,378 | 63,102 | 904,164 | 138,961 | 1,071,438 | 280,487 | 719,051 |
| 学校給食費 | 19,014 | 30,880 | 43,728 | 47,638 | 42,945 | 3,731 | … | … |
| 学校外活動費 | 83,895 | 165,658 | 214,451 | 646,889 | 306,491 | 331,264 | 176,893 | 250,860 |

（出典：文部科学省『平成30年度子供の学習費調査』より引用）

　これらを参考に、聞き手にわかりやすい効果的なレジュメ作成に取り組んでほしい。


## おわりに

　プレゼンテーションもレポート作成と同様に、アカデミック・スキルズを結集した力が必要である。それに加えて、プレゼンテーションには聞き手との対話、すなわち双方向のコミュニケーション力が要求される。聞き手が内容を理解し、納得してくれるプレゼンテーションを行うためには、まずその内容が充実していなければならない。そのためにも、発表内容が論理的に展開できてい

るかどうか、論旨にブレがないかなど、客観的な視点で内容をみつめてみることが大切である。これらの過程の中でも、常に聞き手との対話を意識しながら進めていく必要がある。

　繰り返すが、プレゼンテーションは自分の考えや成果などの一方的な主張の伝達ではない。その後のディスカッションなど聞き手との双方向のコミュニケーションを通して、新たな気づきや助言などを得ることができる。それらを次のステップに繋げて自分の考えをさらに高めることができるのである。これが、プレゼンテーションの醍醐味だといえる。このように、プレゼンテーションを通して、さまざまなスキルアップを目指してほしい。

**参考文献**

佐藤望・湯川武・横山千晶・近藤明彦『アカデミック・スキルズ　第3版－大学生のための知的技法入門』慶應義塾大学出版株式会社，2020年

大出敦・直江健介『プレゼンテーション入門　－学生のためのプレゼン上達術』慶應義塾大学出版株式会社，2020年

上原寿明『大学生　学びのハンドブック［5訂版］』世界思想社，2021年

後藤芳文・伊藤史織・登本洋子『学びの技　14歳からの探求・論文・プレゼンテーション』玉川大学出版部，2014年

レジュメの記載例【実例】

夫婦別姓論の問題点

日　時：2020年12月12日
場　所：人間生活学基礎研究Ⅱ
発表者：学籍番号　清心　花子

Ⅰ．テーマ設定の理由と見通し
　　近年、わが国の女性解放運動の一環として、結婚後の夫婦別姓を求める声が高まってきた。本研究は、夫婦同姓（法律用語としては、夫婦同氏）の問題点はどこにあるのか、夫婦別姓は適当か、もし夫婦別姓が適当であるとするならば、これの制度的実現を妨げている要因は何か、などについて検討しようとするものである。
　　本研究では、ひとくちに夫婦別姓の要求といっても、そこにまったく立場の異なる2つの主張があるということを明らかにするとともに、夫婦別姓論には、一概に、支持しえない点のあることを述べたい。

Ⅱ．研究対象の範囲と研究方法
　　本研究では、夫婦別姓に関する本学学生の意識調査を参考にするとともに他国の制度との比較研究を行った。

Ⅲ．発表の順序
　　・夫婦の姓に関する現行法制度
　　・夫婦同姓の問題点
　　・夫婦の姓に関する意識調査
　　・他国の制度・慣習との比較
　　・法改正の動き

Ⅳ．夫婦の姓に関する現行法制度
　(1)　旧民法
　　「妻ハ婚姻ニ因リテ夫ノ家ニ入ル」（第788条）
　　「戸主及ヒ家族ハ其家ノ氏ヲ称ス」（第746条）
　(2)　現行民法
　　「夫婦は、婚姻の際に定めるところに従い、夫又は妻の氏を称する」（第750条）
　　　夫婦同氏の原則は維持されたが、新民法においては①氏は「家の氏」ではなく、「単なる個人の呼称」である。②「夫又は妻の氏」を選択するのであり、法制度上は、氏の選択に関して男女の平等が確立した。

Ⅴ．夫婦同姓の問題点
　①　氏の選択は、制度上、平等であるが、慣習上、夫の姓が選択される。統計的には、97〜98％の夫婦が夫の姓を選択している。制度上は男女平等であっても、実質的に平等であるとはいえず、「両性の本質的平等」を定めた憲法24条に違反する。
　②　改姓には、さまざまな不利益がある（しかも、この不利益をこうむるのは実態として、女性である）。

③　婚姻前の姓が使えないため、婚姻届を提出しないで事実上、婚姻生活を送る、いわゆる「事実婚」や、単に紙の上で離婚をし、旧姓を再度獲得する、いわゆる「ペーパー離婚」などの現象を招く。

④　そもそも、名前は各人の人格の同一性を表象する標識である。姓を捨てることで、自己喪失感を感じるのは当然であり、このことは人格権を保障した憲法の理念（第13条）にも反する。

（いわゆる「NHK氏名日本語読み訴訟」再版昭和63.2.1）

「氏名は、社会的にみれば、個人を他人から識別し特定する機能を有するものであるが、同時に、その個人からみれば、人が個人として尊重される基礎であり、その個人の人格の象徴であって、人格権の一内容を構成する」

Ⅵ．夫婦の姓に関する意識調査

　　（表①、②、③、④参照）

　　以上の調査から、夫婦別姓を求める世論は後退していることがわかる。また、女性の人格権擁護という要請から夫婦別姓を求めるのではなく、家名の存続という、まったく異なった要請から夫婦別姓を求める声が多いという興味深い事実が明らかになった。

Ⅶ．他国の制度・慣習との比較

　　（表⑤参照）

　　以上のように、わが国の制度は、諸外国と比較しても、異例である。

Ⅷ．法改正への動き

　　1955年、法制審議会民法部会小委員会審議（表⑥参照）

　　1976年、婚氏続称制度が追加される。

　　1981年、カナダ、ケベック州の法改正　同姓強制→別姓強制

　　1985年、フランスの法改正　子供は父方姓→子供は結合姓も可

　　1996年、法制審議会、民法改正案要綱決定（表⑦参照）

　　2002年、法務省、例外的夫婦別姓案作成

Ⅸ．むすび

　　以上のように、夫婦別姓を求める声は、必ずしもただちに、女性のアイデンティティの確立につながるものばかりではないことがわかる。

　　さらに、そもそも「姓」とは何を表象するものか、が明らかにならなければ、望ましい制度も見いだせないということもわかった。「姓」は単なる記号なのか、個人の人格の表象なのか、世帯の表象なのか、血縁の表象なのか、といった問題である。

　　発表者は、「姓」は世帯を表象すべきものであると考える。とするならば、夫婦別姓は必ずしも適当ではなく、第3姓の選択など、柔軟な対応が必要であろう。

　　また、わが国の姓に関する制度には、いわゆる戸籍制度が深く関わっていることが、この研究でわかった。この点については、今後の研究課題として残された問題である。

Ⅹ．参考文献

　　　　　　　　　　　　　　　　　　　　　　　　　　　（以下　略）

```
┌─────────────────────────────────────────┐
│◤                                         │
│             第9章                        │
│       ディスカッション                   │
│                                        ◢│
└─────────────────────────────────────────┘
```

## はじめに

　学ぶことは、考えることからはじまる。自ら考えるためには、気づくことが不可欠であり、その１つとしてディスカッションが有用である。ディスカッションとはコミュニケーションの一種であり、自分以外の他者から広く知恵やヒントを得る行為と規定できる。また、それを通じて自分の思考が広がり深まる瞬間でもある。単なる思いつきが、素晴らしいアイデアやプランに昇華する過程にもなりうる。自分ひとりきりでの思考には自ずと限界があり、ディスカッションは共に話すことで新たな叡智を生む源泉にもなる。その一方、和を重んじることから、ディスカッションはしばし表層的になったり、形骸化しやすいものである。

　本章では、人と人の真のコミュニケーションの根幹の１つと捉えられるディスカッションの基本を体系的に整理し、自らがいつでも使いこなせる礎を提供する。

## １　ディスカッションとは

### １−１　ディスカッションの定義と意義

　ディスカッション（discussion）の意味を見てみよう。どの辞書も一様に討議・討論と書いてある。討議とは「あることについて意見をたたかわせること」とあり、討論とは「事理をたずねきわめて論ずること。互いに議論を戦わすこと」とあり「明治10年代からdebateの訳語として用いられるようになった」

とされる。事理という普段聞き慣れない言葉が出てきたので、引き続き意味を見てみると「①物事の筋道。事柄とその道理」とあり、「［仏］事すなわち相対・差別の減少と、理すなわち絶対・平等の真理」とされている[1]。実際、日常ではディスカッションは議論と同義として使用されることが多い。

では、ディスカッションという外来語を私たちの日常ではどのように使っているのだろうか。お互いの意見を言うこと、意見を聞くこと、それをまとめていくことなど、このようなニュアンスの回答を多く耳にすることになる。「広く意見のやりとり」という共通認識がある一方、（意見を）論ずるとか戦わすという意識は希薄である。

このように言葉の意味を注意深く見ていくと、その言葉の中心的意味とそこからの意味の広がりが見えてくる。日本語は前後のつながりによって言葉の意味が変わりうるし、また話し手・聴き手の知識や能力により、発せられた言葉の意味を誤認することがしばしばありうる。ディスカッションは言語を中心におこなう行為であるため、言葉としての意味合いをしっかり認識することと、日常でのその言葉の使われ方にも着目し、その差異を理解しておくことが建設的なディスカッションの礎となることはいうまでもない。

例えば、比較的身近な広告という言葉について整理してみよう。図9-1・

| 広告 | 1　広く世間一般に告げ知らせること。<br>2　商業上の目的で、商品やサービス、事業などの情報を積極的に世間に広く宣伝すること。また、そのための文書や放送など。 |
|---|---|
| 広報 | 官公庁・企業・各種団体などが、施策や業務内容などを広く一般の人に知らせること。また、その知らせ。 |
| 宣伝 | 1　商品の効能や主義・主張などに対する理解・賛同を求めて、広く伝え知らせること。<br>2　事実以上に、また、事実を曲げて言いふらすこと。 |

図9-1　類似する言葉の意味を探る－定義－
（出典：『大辞泉　増補・新装版』小学館）

意味から捉えると…　　　　　　　　使われ方からみると…

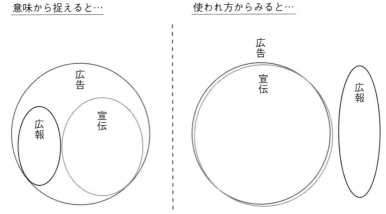

図9-2　類似する言葉の意味を探る－定義と活用の差異－（筆者作成）

9-2に示す通り、広告に近しい言葉として広報・宣伝という言葉がある。辞書的な意味と日常の使われ方には共通点と相違点があり、普段はここを意識することはない。アカデミックに物事を見るということの一側面は、このように言葉の意味の理解度を上げたり実態の把握を丁寧に行ったり、そのような行為の総体であることをぜひ覚えていてほしい。

　では、ディスカッションの意義について考えていきたい。広く他者との意見のやり取りをすることで、何が見いだされるのか。中学・高校においても、広くディスカッションを経験してきた学生が多いが、大学講義内でグループワークをさせ、個々の意見を伝え合っていくうちに、場が和み、活発に話し合い、相手の発言に触発され、自らも新たな考えを伝えていくような場面に多々遭遇する。いったいそこでは何が起きているのか。

　一個人では知らなかったり、思いついたりできなかった内容が、他者は易々と行っている、という状態に遭遇できるのである。換言すれば、同じテーマであっても、人が思いつくことはそれぞれ違っていて、自分が思いつかなかった他者の意見を見聞きすると、知らないうちに触発されるということだ。複数人で話すということは、同じテーマであれ、違うテーマであれ、参加している人たちの脳と感情が繋がっていくということであり、一個人では辿り着きにくい想定外の意見やアイデアが湧き出てくる、そういう行為と場なのである。それ

を刺激として受けることで、自分以外の他者から広く知恵やヒントを得る行為でもある。

　人はそもそもコミュニケーションを取ることで特異な進化を遂げてきた動物であり、言語を視覚的に聴覚的に感覚的に操ることにより他者とのコミュニケーションを重層的に行うことができるようになった。そのコミュニケーションの1要素をアカデミックに実施していこうとするのがディスカッション（討議・討論）なのである。参加者が自由に知見やアイデア、意見などを出し合いながら、時に討議を行いつつ、ある方向へと議論を進めていくこと、これがディスカッションである。

## 1−2　ディスカッションの種類

　ディスカッションを俯瞰して凝視して捉えてみる。柔らかく分解すると、話すこと・意見をいうこと・意見を交えること・（場合によっては）意見を戦わせること、ということになる（図9‐3）。図解するとわかりやすいのは、そもそも言語より先のコミュニケーションの基点であるからかもしれない。

　言語の意味から、ディスカッションは、（1）討議、（2）討論と意味の規定がなされているが、ここでは、もう少し広く（3）意見を言うというところまで含めて考えていきたい。なぜなら、討議・討論するためにはそもそも意見を言うことからはじめなくてはならないからである。

　そして意見を言うためには、その前にまず（4）話をすることからはじめた方がよい。話すという行為は、言葉だけでなく、あなた自身全てを使って伝えたいことを伝える行為まるごとであり、伝わるように伝えていく

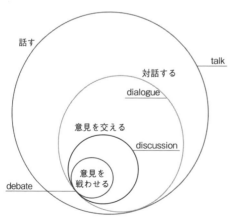

図9‐3　ディスカッションを俯瞰し凝視する
（筆者作成）

行為に他ならない。もしあなたが自身の意見に共感や同意を得たいとしたら、発言内容に加えて、あなた自身の発言行為そのものも大切になるということである。この辺りは前章プレゼンテーションを参考にしてほしい。

## 1－3　ディスカッションの心構えと留意点

　ディスカッションは、複数のメンバーで構成され実施される。1人ではできない。人と人との知見や思考や意見のやり取りの中で行われ、その議論自体の質が、全ての結果を誘引する。よい結果と目標を達成するために、ディスカッションにのぞむ心構えと留意点を整理したい。

① 参加する　→積極的に取り組む

② 場を創る　→参加者全員の心理的安全性を確保する

③ 同量で話す→全員がこのことを心がける

④ フランクに、シリアスファン（真面目に愉しむ）の姿勢を重視する
　　→楽しみながらも率直に真剣に取り組む

⑤ 傾聴する、途中で遮らない　→最後まで聴き切る

⑥ 話を重ねていく、発展させていく　→その先を考え話す

⑦ フリーに話す　順序・順番を付けない　→枠に囚われない

⑧ 自分のその場での役割を意識する　→周りを常に意識する。書記・進行・アイデア発言などの役割を固定せず臨機応変に対応する

⑨ 雑談も時に有用である　→とにかく話すことを大切にする

⑩ 笑顔でおこなう　→場作りに参加する意識と行動をもつ

## 2　ディスカッションの手順

### 2－1　テーマ・目的・ゴールを決める

　まず、ディスカッションの手続きについて、またディスカッションの質を高めるにはどうすれば良いのかを解説する。まず何を話すか、を決めることであり、話す目的を決めることであり、今日のディスカッションのゴールを決めることが重要である。トークとディスカッションの相違点は、ここにある。ディ

124

スカッションは、理にかなった取組みだといえよう。

## 1）テーマを決める

テーマ設定は非常に重要である。参加者に理解できる内容でなければならないし、すでに分かっているもの・分かりきっていること・興味関心の湧きにくいものは、話すまでもないことになる。難易度が高すぎれば、そもそも発言できないし、時間もかかりすぎる。その場合は大きなテーマを分解し、参加者の発言を促せる、かつ興味の湧きそうな内容に昇華させる必要がある。テーマ設定は大切である。昨今、産業界がテーマ以上に問いを立てることの重要性を高らかに述べているが、学術界はそもそも問いを立てることから成り立っている。一巡して、テーマ設定とその背景、つまり問いを立てること、本質的な問いを立てられるかどうかが優れたテーマ設定に繋がることをまさに示している。

## 2）目的を決める

参加者視点に立って考えると、自分がディスカッションに加わる意義や必要性、ディスカッションの内容やその後の展開など、いろいろなことに疑問を持つものだ。時間をかけて人が集まり、あるテーマで話すことは、楽しみでもあり、時に労力にもなりうる。参加者が理解し、関与でき、共感でき、達成可能な目的を作成することが大切である。目的とは、ディスカッションを通じて成し遂げたい事柄は何かを明快に規定することに他ならない。

## 3）ゴール

今日、このディスカッションでどこまで辿り着きたいのか。これをディスカッションの開始前に参加者に共有することが大切である。スタート（テーマ・目的）とゴール（終着点）を決める。到達までのルートは設定しない、もしくは緩やかに設定する、どんなルートを進んでもよい。ゴールを意識しつつ、自由に発言する機会を提供する。思いがけないアイデアや意見が出てくる。それがディスカッションの醍醐味である。

## 2－2　プロセス・役割を決める

一般的にディスカッションといいつつ、トークになっているものがとても多い。テーマ・目的・ゴールを設定できていないからである。しかし、テーマ・

目的・ゴールを決めれば、良いディスカッションができるか、というとそういうことではない。決められた時間の中で、より効果的に効率的に議論を進めていくためには、プロセス設計と役割設定が必要になる。

　ディスカッションの目的にもよるが、アイデア出しをするような場合は、緩やかなプロセス・ステップが好まれる。

　例えば、事前にテーマを共有しアイデアを持ってくるのであれば、

　①　個別の意見を発表する。

　②　その中のいくつかの内容について、アイデアを広げていく。

　　　（アイデアを広げる工夫が必要。そのためのツールも豊富にある）

　③　まとめていく。

といった緩やかなプロセス・ステップがちょうど良い。出発点・到達点が決まっていて、ルート設定に自由度があること。そこにディスカッションの特性・優位性を垣間見ることができる。

## 2−3　サポートツールを活用する

　グループでワークする時、大切なことは同一性である。それは今話しているテーマに対する共通認識であり、今出た意見のポイントの共有化であり、今まで話してきた内容全体の可視化である。スマートフォンの普及、オンラインワークの日常化により、それぞれのディバイスを通じて個々人が内容をそれぞれ確認しているという状況をよく見かけるようになったが、物理的に同じ物で共有することがチームビルディングのためにも非常に大切である。少なくとも1つのモニターを共有することを勧める。できれば、紙・ペン・付箋などの昔ながらの、かつ手触り感のあるアナログツールを推奨したい。

　ディスカッションはとかく頭の体操になりがちだ。人間は五感すなわち「視覚・聴覚・嗅覚・触覚・味覚」というインプット装置を備えており、体を動かすことで頭が刺激された結果、多種多様な感想・コメント・アイデア・意見が発出されやすくなる。要は体「も」使うことで、五感全体が刺激され、結果ディスカッションの質が確実に上がっていくということだ。

　気心が通じれば、いい案が生み出されやすくなる。

① 紙・タブレット

　少人数でのディスカッションの時には、Ａ３程度の白い紙を使用することを推奨する。メンバー全員で１つの共有物を作り上げる行為により触発しあうことで新たな発想が生まれる。その場合、タブレットでも構わない、できれば指や手で描けるものを使用するとグループワークを活性化させることができる。

② 模造紙

　大きな机の上に、白の大きな模造紙をぜひ敷いてほしい。白いキャンバスに自由に描く。ペンで文字やイラスト・図を書いたりする。紙の大きさが、参加者の気持ちの広がりだったり、テーマの広がりだったりを感じさせる（＝高い自由度の象徴）と言っても過言ではない。

③ ペン

　サインペンを推奨したい。ペンは太さ・カラーのバリエーションがあった方がより良い。出てきたコメントを分類したり階層化したりするのに、とても役出つ。

④ 付箋

　こちらも必須アイテムといって良い。カラーバリエーションがあるとなお良い。個々人のコメントを多数書いてもらうときに有用であるし、出てきたコメントを模造紙に貼ることで可視化できる、しかも位置移動が簡単に可能なので、ＫＪ法などを実践しやすい。かつ、新たにグルーピングにタイトルをつけるときにも、付箋は役に立つ。


## ２－４　進行する・まとめる

### １）進行役の必要性

ディスカッションの進行で大切なことは、トークのような環境を作ることである。例えば、友人知人との何気ないおしゃべりに代表される「何を話しても大丈夫」という心理的安全性の担保である。複数人でディスカッションを進める場合、進行役を置いた方が議論の流れを作りやすい。大切なことは、進行役（ファシリテータ）は進行に徹することである。参加者のモチベーションを高

写真9-①②　ディスカッションの風景

め、場の雰囲気をつくり、参加者同志のコミュニケーションを促進するように促すことが求められる。それには、傾聴力・理解力・整理統合力・転換力・集約力などが求められる大変重要な役回りとなる。

2）グループダイナミクス

個人の思考や意識・行動は集団から影響を受け、集団に影響を与えるという

写真9-③④　ディスカッションの風景

特性を持つ。グループダイナミクスとは、その場を活性化させる力学である。前述の通り、テーマ・目的・ゴールを共有し、自身がこのディスカッションに参加する役割や意義を理解していることが大前提となる。その上で、ディスカッションがスムーズに進むように、進行役を中心にしつつも参加者が意識してほしい点がいくつか存在する。

① まずはなんでも話してみる

　テーマに関し、個人的な体験・感想等なら多くの人が思いつく。まずはそこから話すことで場が和む。最初に口火を切ることを参加者全員が意識し行動することで、より早く和む場が形成される。

② 視点を変える工夫を行う

　例えば、主語を変える、時間軸を変える、状況や場面を変えるなど、あえて違う複数の側面からテーマを捉えてみる。話が滞ってきたら、ぜひ行ってみてほしい。同一テーマでも話題転換となり、グループ全体が活性化し議論の深度が深まる。

③ 場づくりの工夫

　いつもの環境・場所から離れ（オフサイト）、お菓子やドリンクなどの軽い飲食などを用意し、心地よいBGMを流す（カフェライク）。いろいろな工夫を凝らし、リラックスした雰囲気を提供することもディスカッションには

写真9-⑤　ディスカッションの風景

重要である。

以上、広義な視点からディスカッションに関する基本を整理した。

### 2－5　聞き手の重要性

1）聞き手の注意すべき点

ディスカッションは、話し手と聞き手という2つの立場があって初めて成り立つものである。したがって、相手の話をしっかりと聞くことができなければ、有意義な議論は望めない。その意味でも「聞く技術」ということはとても重視される。

① 総合的な聞き方を心がける

これは、相手の話を全体的な流れの中で捉える聞き方である。提示されたコメントや意見、論拠に基づいた結論などに一貫性があるかという視点で、話の内容の連関性を把握することを心がける。

② 分析的な聞き方を心がける

これは、一見「総合的な聞き方」ということと矛盾するようにも思えるが、両者は決して対立も矛盾もするものではない。「総合的な聞き方」によって話し手の全体的な流れを把握しながら、「分析的に聞くこと」によって、問題や課題の取り扱い方や論証のしかた、将来に対する展望といった点について、聞き手自身の考え方が形成される。

③ 批判的な聞き方を心がける

ディスカッションを通じて問題点に対する理解を深め、その発展を目ざすためには、聞き手としては、話し手の内容を批判的に聞く必要がある。そのためには、聞き手が、話し手の考え方と対立する見解の立場に身を置いてみるのも1つの有効な方法である。

ただ、ここで注意しなければならないのは。「批判的な聞き方」というのは有意義に議論をするためのものであって、話し手の「言葉じり」を捉えたり、「あらさがし」をするためのものではないということである。

２）ディスカッションに際して注意する点

① 手順に注意する

　一般的にディスカッションの手順は、語句の不明確な点や概念が曖昧な点についての質問から始め、次第に具体的、個別的な内容へと進んでいくのが望ましい。

② 質問や発言は簡潔かつ明瞭にする

　質問や発言は、簡潔に、しかも明確になされなければならない。何を質問したいか、何について発言しているのかが曖昧なものは、聞き苦しいだけではなく、議論を混乱させる原因ともなり、有意義な議論の妨げになるものである。このような事態を避けるためにも、発表に際して、ノートやメモを取りながら聞く態度が必要となってくる。

③ 　かみ合った議論をする

　ディスカッションで最も重要なことは、議論が噛み合っていなければならないということである。議論に参加すべき人々のそれぞれが、勝手に問題を提起し、それについて勝手に発言していたのでは、討論は成立しない。生産的な討論を行うためには、議論すべき問題点を整理し、その問題の構造を明らかにした上で、一つひとつの問題について順序よく解決していくようにしなければならない。そのためには、ある１つの問題についての議論が終了したところで、それと関連性の深い問題・議題に移っていくという手順で進めていくとよいであろう。

## ２－６　ワールドカフェへのお誘い[2) 3)]

　ディスカッションの一手法として、昨今ワールドカフェが多用されるようになった。お茶を飲んで寛いでいるような雰囲気で会議を行うこと、これをワールドカフェという。まさしく文字通りだ。議論ではなく、対話（ダイアローグ）を重視する。それによって、どのような感情・価値観と考え方とを持っているか、互いに交換し合う行為といえる。20世紀後半以来、議論より対話の重要性が語られるようになって久しい。

　ワールドカフェの醍醐味は、かなり大人数の集まりであっても共通のテーマ

で多くの人たちと対話できるということである。

　ワールドカフェの進め方・手法は、かなり自由度が高く、ここから互いに企画設計できるのも対話を生み出しやすい源泉となっている。では、その一例を紹介する。

　A.　1テーブルに4～5人が着席する

　B.　テーブルごとに模造紙を置く

　C.　テーマに沿って対話を行う。参加者は、その模造紙に自由に意見やコメント・感想を記入する。文字だけでなく図解やイラストなども歓迎される。

　D.　時間が来たら、テーブルごとに1名を残して、他のメンバーは別のテーブルへ自由に移動する。

　E.　移動した先のテーブルで、そのテーブルに残っていた方からその前の対話のポイントを共有してもらい、そこからまた新たな対話をはじめる。

　F.　これらを何回か繰り返して終了となる。

　G.　これらを繰り返す中で、対話の内容について少しずつ流れを作っていく方法もある（例えば、テーマへのコメント・感想　→　アイデアを創造　→　それらを統合、など）。

　H.　最後にテーブルを預かってくれていた方から、各テーブルでの対話を発表し、全体で共有する。


　以上簡単にワールドカフェを紹介した。すでに中学校や高等学校、企業や行政などでも幅広く活用され、千名を超える人数で実施されたこともある。楽しみながらしっかりと対話する、ワールドカフェに限らずディスカッション全般の参加者にはシリアスファン（真面目に愉しむ）の精神を持っていただければ幸いである。


## 3　ディベートとは

　ディベートは、ある特定のテーマに対して、その是非を賛成・反対の立場に分かれて、第三者を説得する形で討論することと定義される。

## 3－1　ディベートの目的・意義

　討論という訳語が当てられるようになって約150年以上が経つディベートであるが[1)]、意見を戦わせることがディベートの目的となる。違う意見や立場を明確にすることにより、それぞれの見方をより論理的に掘り下げることで、そのテーマの本質を炙り出していく。討論を深めることにより、新たな視座や見識を得ることも可能だ。現代社会では、重要かつ難題の社会課題が山積している。例えば、原子力発電所稼働の是非などは軽々に賛否を問い決定できる事案ではない。その課題の本質により深く迫る必要があり、それぞれの立場を尊重した上で、一見対立しているように見える両者の意見を論理的に戦わせる。このことで、より明確なゴールに到達しようとする行為そのものが、ディベートの意義であると言ってよい。

## 3－2　ディスカッションとの差異

　ディベートを行う上で、前述のディスカッションとの差異を強く意識することが大切である。意見を戦わせること、とはどういうことなのだろうか。図9‐4で簡潔にまとめる。

　ディベートはあくまでも意見の差異がある、もしくは差異のある立場で論ずるところに大きな価値があるため、合意が目的ではない。ある種、課題の本質に迫る非常に建設的な行為ともいうことができ、ここが大きなディスカッションとの違いとなる。

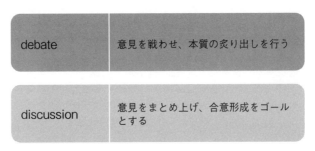

| debate | 意見を戦わせ、本質の炙り出しを行う |
| --- | --- |
| discussion | 意見をまとめ上げ、合意形成をゴールとする |

図9-4　ディベートとディスカッションの差異（筆者作成）

## 3-3　ディベートの基本的な構成要素

### 1）立論

テーマ（論題）について、肯定・否定それぞれの立場で意見を述べること。この時、意見の正当性を納得させられるだけの根拠を述べる。通常根拠は複数あり、それがどのように肯定（否定）につながるかを簡潔に述べることが重要である。

### 2）質疑

相手の立論に対して問題点・疑問点を見いだし、相手の論点不備や矛盾を指摘する質問を行うこと。質問された側はそれに応答する。質疑は、一問一答形式で行い、質問とそれに対する応答も時間に含まれる。

### 3）反駁

「相手チームに対する批判」「相手チームからの批判に対する反論」を行い、相手の誤りを証明し、自分たちの正当性を訴えること。相手の質疑に対し再度答えたり、自説の正当性を再確認したり、相手の論点の矛盾を指摘したり等を行い反論する。

この後、「最終弁論」を相互行い、第三者に判断を委ねる。

大切なことは、自身のもしくは相手の論拠と論旨に着目し、そこに不備や矛盾がないか精査する眼と思考をしっかりと持つことである。

## 3-4　ディベートの効果と活用シーン

一般的に日本では日常よりディベートを行う習慣に乏しい。しかし簡潔に結論や判断が難しいテーマが山積する現代において、意見の差異を明確にし論ずることは、新たな視点を得る上にも非常に大切なことである。特に、社会課題と言われる領域のテーマに関しては、ディベートを活用することで一定の効果・成果が期待できる。原子力発電所の是非について少し話したが、少子高齢化・過疎・地球温暖化・地域活性化・食品ロスなどなど、社会課題は枚挙にいとまがない。ディベートは、客観的・多角的かつ批判的な視点を持つことを身につけることができ、それを実施するための情報収集・整理・体系化・処理能力が向上する。すなわち筋道を立てて（いわゆる論理的に）行うことができる

ようになり、結果論理的思考の水準が上がる。しっかりとディベートすることでそのテーマの全体像を理解し、討論を重ねることで、深い視座を得たり新たな解決策の礎を見いだしたりできる。

### 3－5　ディベートの心構えと留意点

　なぜ意見が違うのか。特に我々日本人は、そこに触れずにやり過ごす日常を過ごしがちである。日常だけではなく社会に出ればよりいっそうその傾向が強まるように感じる。違う意見の根底を知ろうとすることで、より相手の思考やその根底にある価値観などを理解することができ、今まで以上に関係性が向上することもあるため、ぜひ有用に活用してほしい。

①　意見と人格は違う（ディスカッションも同様）

　個人が持つ主義主張や意見と、個人の人格（人となり）はできるだけ分けて考えられるように、普段から意識しよう。また、ディベート前後で相手とテーマ以外のいろいろな会話に興じることも大切である。

　ただし、現実的には討論がいつしか感情的な議論や口論となることもあり、その後、友人・知人としてディベート前と同じように会話することが憚られたりもしうる。

②　役割として捉える

　ものの見方・捉え方を拡張するとき、自分とは違う立場・意見に傾聴することは大変有意義である。特に学生の学びの中で重要なものの1つにパースペクティブの拡張があるので、その点からもディベートをうまく活用してほしい。

　ディベート初心者の段階では、例えば、事前に個々人の意見の差異をもとにディベートを始めるよりも、そのテーマに対する賛否の意見を互いに抽出しまとめ、賛成側・否定側という2つの役割（配役）に分離してから、スタートするというやり方をお勧めする。役柄・役割としてその意見を代表し、その立場で演じる、という初期設定をすることで、意見の差異とその人自身の人格などとの分離を明確に図ることが効果的に行える。

③　論理性を常に意識する

　ディベートは、自身の主張の正当性を述べ、相手の主張の脆弱性や非論理性を指摘し合う行為である。それぞれの主張を反駁し合うことになるので、感情的にもなりがちである。自身の感情を抑えながら、自身と相手の論理性に常に注視して、討議を進めていってほしい。


## おわりに

　本章はディスカッションに関して、その定義と意義・種類、手順や手法、心構えや留意点などを整理してきた。聞き手と話し手が向き合うディスカッションという行為は、相手の視座や意見、その考えに至る背景や価値観などを深く得ることができる。また、自身の考えの再整理につながり、より深い思考を行うヒントともなりうる。人と人は、その間で常時気持ちや意見の交換を行い、そこで得た知見を大切にし、次へと進んでいく。ディスカッションは、ある目的に対し人々が寄り添い、つながり、感情や意見などを紡いで人間としての叡智を積み重ねていく大きな原動力となっていくものだ。


**参考文献**

1）広辞苑　Sora https://sakura-paris.org/dict/?romaji=0（最終閲覧日2022年10月8日）
2）ワールドカフェとは？　https://www.kaonavi.jp/dictionary/world-cafe/（最終閲覧日2022年10月10日）
3）岩崎昇一・三浦和尚ほか『精錬現代の国語』三省堂、2022年
4）ノートルダム清心女子大学人間生活学科編『大学生のための研究ハンドブック』大学教育出版、2011年
5）深谷信介『マーケティングコミュニケーションのまんなか』ハーベスト出版、2022年
6）深谷信介『＃プレボン！』ハーベスト出版、2022年

第10章
# 卒業論文に向けて

## はじめに

　本章は他の章と異なり、実際に卒業論文（以下「卒論」という）を執筆するためのスキルを解説したものではない。卒論執筆のための心の持ち方や生活管理が中心となる。世の中には論文執筆法の本が多数存在するが、このような話題に触れている本は少ないようだ。

　なお、ここで想定している読者は、放っておいても、卒論をどんどん書いていけるような優秀な学生ではない。意思の弱い、「ごく普通」の学生が対象である。


## 1　卒論を書く意味

　卒論が必修ではない学部・学科や大学もある。必修である大学に入学した人は書かなければ卒業できないので、否が応でも書かなければならない。だが、中には卒論が選択科目になっていても、あえて卒論に挑戦する見上げた心がけの学生もいる。

　卒論を書くには、それ相応の時間とエネルギーを投入する必要がある。将来、研究者になるつもりもないのに、卒論を書く意味があるのか、あるいは社会に出て役に立つのかと疑問に感じる人が多いのも当然だろう。また、「学校の勉強なんか、社会に出て何の役にも立たないよ」などと無責任なことを言う大人もいるかもしれない。

　しかし、どんな理由があるにせよ、どうせ卒論を書かねばならない立場に

なったのなら、卒論執筆を通じて自分を磨き、その経験を将来に活かすように
したほうがよいに決まっている。

　実は、社会人になってからも、卒論執筆のノウハウは大いに役に立つ。例え
ば、会社に入ったら、企画書や過去の業績に関するレポートを書く機会がある
かもしれない。そこでは、データを整備して、論理的に説得する文章を書かな
ければならない。まさに、卒論に求められる条件そのものである。

　また、他社に業務委託をする場合の仕様書を書く場合や、それに対する提案
書や委託した報告書を読む際にも卒論を執筆する時の経験が生きてくる。残念
ながら、世間的には非常に有名なシンクタンクの報告書でさえ、おそまつな物
があるのも事実である。

　社会に入る前の就職活動の段階でも、今はエントリーシートを書くことが求
められることが多い。企業の採用担当者側の立場になると、訴えるポイントが
何かわからない大量のエントリーシートに目を通すのは苦痛に違いない。この
場合、第7章で解説されている、パラグラフ・ライティングをし、各パラグラ
フの最初にトピック・センテンスを持ってくるという卒論の書き方が有効とな
る。

## 2　卒論で大切なこと

　卒論執筆において、最も大切なことは締め切りを守ることである。いかに自
分では最高傑作を書き上げたつもりでも、締め切りを1分でも過ぎていたら受
け取ってもらえない。

　2番目に大切なのは、論文の形式を整えることであり、内容はその次である。
内容の前に形式が大事というのは理解しがたいかもしれない。中身が最も大切
だろうと考えるのは自然である。しかし、茶道や華道でもいろいろな流派があ
り、それぞれの流派にある「お作法」を守らなければ免状はもらえない。卒論
も似たようなところがある。

　この場合、「流派」は大学・学科・ゼミであったりする。いずれにしても、
定められた形式（＝お作法）を守ることが不可欠である。研究者の世界でも専

門別に学会誌があり、学会ごとに執筆要領が定められている。この執筆要領を守らなければ、論文を読んでもらえず、受け付けさえしてもらえない。役所に申請書を提出する時に様式を守らなければならないのと同じである。

## 3　卒論完成までのスケジュール

　長期に及ぶ卒論執筆においては、大まかでも締め切りから逆算したスケジュールを立てることが必要になる。大学によって違いはあるが、卒論の締め切りは4年生の12月あるいは翌年の1月という場合が多いと思われる。そうなると、遅くとも、4年生の4月には始動してほしいところだが、実際には就職活動に忙しく、夏休み明けの9月になって、お尻に火がつく学生も多い。しかし、普通の学生にとって、それではいかにも遅い。

　なかには、自分に根拠のない自信を持っている学生もたまにいて、「いざとなったらやれますので（早くやってみせてくれ）」とか、「自分はぎりぎりにならないとやる気がおきないんですよね（いや、今がその「ぎりぎり」の時なんですけど）」などという剛の者もいる。しかし、そういう人間にかぎって、何ともならないのが普通である。

　とにかく、スケジュールが遅れている普通の人は、目次案の最初から書かないで、書けるとこから手を付け、最後に「はじめに」を書いて、全体の辻褄を合わせるのが無難である。

## 4　卒論完成までの自己管理

　おそらくは、ほとんどの学生にとって、今まで生きてきた中で、卒論は最も長い文章を書く機会であろう。執筆期間も長丁場になる。この場合、首尾良く卒論を書き上げるためには、どのようなことに気をつけたらよいのだろうか。最も重要なことは執筆時間を確保することである。

　教員からしたら、学生に卒論を書く時間が無いとは考えにくい。しかし、普通の学生にとって、優先されるのはサークル活動やアルバイトのシフトであり、

「空いた時間」に卒論を書くというのが優先順位のようだ。

　しかし、それではいつまでたっても卒論に取りかかれないであろう。大切なのは、まず卒論の執筆時間をスケジュールに入れることだ。手帳でもスマホのアプリなどどちらでもよい。その時間になったら、やる気がなくても、とにかくパソコンを開くことにしよう。

　そして、卒論執筆の予定を入れた後に入れるのがアルバイトのシフトである。経済上の問題で、アルバイトで授業料や生活費を賄わなければならない人を除き、卒論締め切り前の1〜2か月はアルバイトを休むことも選択肢に入れるべきである。就職すれば嫌でも働かなければならないのだから。

　ところが、学生の話を聞いていると、人手不足の時など、アルバイト先の店長の中には「君がシフトに入ってもらわないと困るんだよね」などと情に訴える人もいるようだ。今まで人に頼られた経験が少ない学生ほど、情にほだされてしまう傾向がある。しかし、考えてほしい。店長はあくまでも自分の都合で言っているのであり、あなたが卒業できなくても責任を取ってくれるわけではない。自分の人生にとっての優先順位をよく考える必要がある。

　卒論執筆の過程では、友達と励ましあって、一緒にそれぞれの卒論を書く時間を設けるのも良いだろう。時には自分の文章を読んでもらい、意味が通じるのか確認するのも有効である。以前、卒論指導をする過程で「文章が小学生みたいだ」と正直な感想を述べたことがある。その学生は憤慨したようで、友人に自分の文章をみせたところ、同じ感想を言われたそうで、その後は助言を素直に聞くようになった。このような友人を持つのはよいことだが、お互いにまだ進んでいないことを確認して安心するような、傷をなめ合う行為は逆効果である。そもそも、その友人が正直に進捗状況を知らせているとは限らない。

## 5　指導教員との付き合い方

　この話題に触れている論文の書き方の本は稀というか見たことはないが、重要な問題である。なぜなら、卒論指導教員とは一般的な講義とは異なり、かなり長い期間、濃密な時間を過ごすことになるからだ。そのため、時として、摩

擦が生じ、卒論執筆過程において互いのストレスが高まり、謝恩会や卒業式で口も聞かないという不幸な関係に陥る可能性もある。

　教員も人間である。いわゆる、パワハラやアカハラの類いの言葉を発する教員は論外であり、大学に通報すればよい。そうでない場合、学生側も教員との上手な付き合い方を覚えておいた方が、お互い無駄なストレスを抱えずに過ごすことができる。この人付き合いのノウハウは社会に出ても役にたつ。

　まず、指導教官を選ぶ時は、専門分野や研究手法を詳しく調べておくべきである。自分のやりたいことと、教員の専門分野とのミスマッチを極力減らすことは非常に重要な問題である。ましてや、「あのゼミは先生の指導も厳しくないし、簡単に単位ももらえて楽勝らしい」などという、根拠のない噂に惑わされて指導教員を選ぶというのは愚の骨頂である。

　そもそも、教員は万能の天才ではない。論文の形式、手続きとか論理が破綻していないかなどのチェックはできるが、自分の専門外の分野の先行研究などを把握しているわけではなく、適切なコメントをするのは難しい。

　指導教員を選択する時には、その教員の専門とする科目（教員は必ずしも自分の本当の専門とする科目だけを講義しているわけではない）を履修し、それでも足りなければ、直接教員に面会の約束をして、ゼミや卒論指導のやり方を聞くのが望ましい。教員は喜んで応じるはずである。

　また、指導を求める時には、それなりの礼儀も求められる。自分は授業料を払っており、教員の給料はそこから出ているのだから、いつでも指導するのが当然だという態度はいただけない。授業時間以外、教員は暇だろうと思う人もいるかもしれないが、授業の準備にも相当の時間がかかるし、会議も学生の想像以上に多く、結構忙しいのである。

　卒論指導のための面会の約束を取る時には、極力大学から支給されたメールアドレスを使い、自分が訪問を希望する日時の選択肢を複数示して、教員に選んでもらうのがよい。ただし、教員から返信が来るまでは、自分が示した候補の中に、アルバイトのシフトを入れないようにしてもらいたい。教員から返信があり、面会時間の指定があった後に「その時間は、バイトのシフトを入れてしまったので無理です」などと返して、無駄に教員の血圧を上げないように気

をつけた方がよい。

　最後に、当たり前の話だが、教員に卒論の相談をする時に、何も自分の考えが無い「ノープラン」で来るのはやめてほしい。せめて、何か最小限の書いた物やメモ書きでもあれば良いが、何もなしに、なんとなく頭の中にある「もやもやした話」を聞かされてもアドバイスのしようがない。はなはだしくは、「私は何を書きたいのでしょう」という学生がいる。あまり、問題意識を持たずに4年生を迎えた「普通」の学生にとっては致し方ない面もあるが、指導教員にとっては、どうしようもないのである。


## 6　文献解題

　卒論の書き方に関する本は、最初に述べたように、本当に数多く出版されていて、とてもすべてに目を通せるものではない。ここでは、定評があり、筆者にとっても卒論指導の参考になり、新書のように学生が比較的入手しやすいものを選んで紹介する。

**小笠原喜康『最新版　大学生のためのレポート・論文術』講談社現代新書、2018年**

　コンパクトで必要な事項が網羅されており、読みやすい。卒論執筆のスケジュール例も参考になる。卒論提出直前の、かゆい所に手が届くような、細かい注意事項にも感心する。また、参考文献の書き方のところで、電子書籍のKindleの場合について解説してあるのは、知る限りこの本だけである。

**小熊英二『基礎からわかる　論文の書き方』講談社現代新書、2022年**

　著名な歴史社会学者による本格的な指南書。この本でも、論文の構成はビジネスにも有用であると断言している。ただ、この本は本格的すぎて、475頁にわたり、びっしりと文字が書き込まれているため、丁寧に読んでいると卒論の締め切りが来てしまうという危険もある。

シルヴィア, ポール・J.（高橋さきの訳）『できる研究者の論文生産術：どうすれば「たくさん」書けるのか』講談社、2015年

　研究者向けに執筆されたものだが、学生や一般社会人にとっても、締め切りがある原稿を書くための時間管理に非常に役に立つ。第2章の4つの「書かない言い訳」は本章にも重なるところがあり、「論文を書かない理由を正当化する」行為は学生、研究者、日本人、アメリカ人を問わず共通であることがわかる。

戸田山和久『最新版　論文の教室：レポートから卒論まで』NHK出版、2022年

　この分野の本として有名なものであり、2002年初版、2012年新版に続く改訂版である。作文ヘタ夫という主人公を登場させ、論文の書き方を教える過程でヘタ夫の文章がどう変わるかを示す構成になっている。練習問題に解答がついているのも親切であり、「巻末豪華五大付録」の「禁句集」も役に立つ。ただし、筆者の個性がやや強く出ている箇所もあり、読む人を選ぶかもしれない。

山内志朗『新版　ぎりぎり合格への論文マニュアル』平凡社新書、2021年

　本書の「はじめに」に、この本の目的が「よい論文」の書き方を伝授するものではなく、「落第しない論文」や「不合格にならない論文」を伝授することとあるように、極めて実践的で読みやすい。第6章にある「すぐに使えるフレーズ集」は学生が使いがちな文言を、どう変換したら論文らしい文章になるかを指南しており、おもしろい。この本にも本章同様「『前書き』は最後に書け」と書かれている。


## おわりに

　大学によって、授業の名前はさまざまだが、本書で解説されてきたアカデミック・スキルズは1年生の時に授業があることが多いようだ。まず、大学の授業を受けるために最初に教えるというのは理にかなっているように見える。

しかし、実際に卒論を書き始める時期がくると、頭の中からすっぽり抜け落ちている学生も多い。

　この本の読者は卒論の構想を練り始める３年生の後期頃に、本書を本棚からもう一度引っ張り出してほしい。ただし、引っ張り出すことすら忘れていたら仕方がない。スマホのスケジュールアプリだと何年後でも記入できるので、３年生の９月頃に再読する予定を入れておいてはどうだろうか。

# 執筆者紹介 （所属：分担）

## ［執筆者代表］

杉山　博昭 （すぎやま　ひろあき）　　はじめに
　　　専門領域：社会福祉学
　　　主要担当科目：「社会福祉学」「社会保障論」「公的扶助論」

## ［執筆者］

豊田　尚吾 （とよた　しょうご）　第1章
　　　専門領域：生活経済学
　　　主要担当科目：「生活経済学」「生活経営学」「マクロ経済学」

成清　仁士 （なりきよ　ひとし）　第2章
　　　専門領域：生活環境学、歴史的環境デザイン論
　　　主要担当科目：「住居学」「住環境学」「環境デザイン論」

大東　正虎 （だいとう　まさとら）　第3章
　　　専門領域：社会シミュレーション、情報管理論
　　　主要担当科目：「情報技術論」「マーケティングリサーチ論」「ビジネス情報処理」

中井　俊雄 （なかい　としお）　第4章
　　　専門領域：地域福祉論
　　　主要担当科目：「地域福祉論」「障害者福祉論」

濱﨑　絵梨 （はまさき　えり）　第5章
　　　専門領域：高齢者福祉論、ソーシャルワーク研究
　　　主要担当科目：「高齢者福祉論」「保健医療と福祉」「ソーシャルワーク演習」

﨑川　修 （さきかわ　おさむ）　第6章
　　　専門領域：現代哲学、人間学
　　　主要担当科目：「人間関係学」「社会倫理学」「家族関係学」

葉口　英子 （はぐち　ひでこ）　第7章
　　　専門領域：消費文化論、メディア研究
　　　主要担当科目：「消費生活論」「広告論」「メディア戦略論」

中川　敦子（なかがわ　あつこ）　第8章
　　専門領域：被服学
　　主要担当科目：「被服学」「衣料学」「被服実習」

深谷　信介（ふかや　しんすけ）　第9章
　　専門領域：マーケティング、都市デザイン
　　主要担当科目：「マーケティング論」「ブランド論」

清水　純一（しみず　じゅんいち）　第10章
　　専門領域：農産物貿易論、ブラジル農業論
　　主要担当科目：「食経営論」「食政策論」

## よくわかる大学生のための研究スキル

2023年4月20日　初版第1刷発行

■編　著　者——ノートルダム清心女子大学人間生活学科
■発　行　者——佐藤　守
■発　行　所——株式会社 大学教育出版
　　　　　　　　〒700-0953　岡山市南区西市855-4
　　　　　　　　電話(086)244-1268(代)　FAX(086)246-0294
■Ｄ　Ｔ　Ｐ——難波田見子
■印刷製本——モリモト印刷(株)

ISBN978-4-86692-249-2